$L^{27}n$ 19056.

UNE PAGE DE L'HISTOIRE

DE

MES LIVRES

MADAME DE SOLMS DANS L'EXIL.

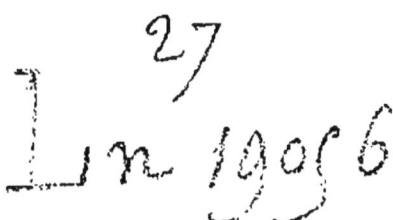

UNE PAGE DE L'HISTOIRE

DE

MES LIVRES

MADAME DE SOLMS DANS L'EXIL

PAR

EUGÈNE SUE

DEUXIÈME ÉDITION

TURIN,
IMPRIM. DE JOSEPH FAVALE ET COMP.
1857.

UNE PAGE

DE

L'HISTOIRE DE MES LIVRES

FRAGMENTS

—

J'écris, durant les loisirs de l'exil, non des *Mémoires*... rien ne saurait justifier de ma part une pareille prétention, mais (que l'on me pardonne cette ambitieuse expression) j'écris, si cela peut se dire, l'HISTOIRE DE MES LIVRES.

Je m'explique.

Il m'a paru d'un salutaire enseignement de démontrer, par mon propre exemple, une nouvelle preuve de cette singulière et progressive évolution de l'âme et de la pensée, grâce à la quelle, cédant à l'unique et irrésistible attraction du juste, du bien, du vrai, l'on peut parcourir l'immense distance qui sépare deux pôles radicalement opposés ; en d'autre termes, comment, appartenant à l'opinion *légitimiste* et *catholique* en 1830, j'ai eu l'honneur insigne, en 1850, d'être le candidat du *conclave républicain-socialiste* ; candidature précédemment déclinée par moi, parce que je ne me sentais pas à la hauteur de cet imposant mandat, et ratifiée par la majorité de mes concitoyens de Paris, qui m'ont nommé représentant du peuple à l'Assemblée nationale. Cette nomination sera la gloire éternelle de ma carrière littéraire. A cette gloire, la proscription a ajouté un dernier fleuron.

Ainsi, en 1830, partisan convaincu de la théocratie catholique et de la royauté légitime..., homme de plaisir et l'un des fondateurs du *Jockey-Club* (je cite ce fait comme caractéristique), j'écrivais *la Vigie de Koatven*, et j'en suis venu, depuis dix à douze ans, à concentrer ma vie, mes goûts, dans la retraite, le travail, la pratique sincère de la foi républicaine et du rationalisme, et j'achève *les Mystères du Peuple*.

Je puis, le front haut, la conscience sereine, dévoiler les causes, en apparence si contradictoires, qui m'ont ainsi transformé, me guidant pas à pas de l'erreur vers la vérité. Jamais je n'ai rien sollicité, rien obtenu des divers gouvernements de la France, et, pendant sept ans, soit dans l'armée de mer, soit dans l'armée de terre, j'ai acquitté, presque toujours en temps de guerre, la dette que m'imposait le service militaire de mon pays. J'ai reçu, unique faveur, la croix de la Légion d'honneur il y a quinze ans, grâce à la bienveillante et courtoise initiative de M. de Salvandy, alors ministre de l'instruction publique.

Ma régénération, au point de vue politique et social,

complétement désintéressée, a donc été amenée, je le répète, par la seule et irrésistible attraction du juste, du bien, du vrai, selon que je le prouverai quelque jour, par ce que j'oserai nommer l'*Histoire de mes livres* ; exposé sincère de l'action exercée sur mon esprit par l'éducation, par les traditions de famille, par mes goûts, par les événements politiques, par diverses influences personnelles, par celle même des endroits où j'écrivais, par le profond contraste des divers milieux sociaux où j'ai vécu, par la nature de mes études, par mes propres réflexions, par mon expérience croissante des hommes et des choses ; enfin, surtout, par les résultats inattendus, inespérés de plusieurs de mes œuvres; résultats qui m'ont affermi dans une voie où j'étais d'abord entré plus par l'instinct, par l'impulsion du cœur, que par le raisonnement.

Il me semble donc, abstraction faite de ce qui m'est particulier, qu'il peut y avoir un certain intérêt à suivre la marche ascensionnelle d'un esprit honnête, d'abord abusé, mais loyalement abusé, qui s'élève laborieusement, péniblement, vers la vérité éternelle, et trouve dans la conscience de cette vérité la satisfaction austère que nous donne la certitude de marcher dans le droit chemin et d'accomplir un grand devoir.

Ai-je besoin d'ajouter que cette HISTOIRE DE MES LIVRES, destinée à servir un jour d'*introduction* à mes œuvre complètes, ne pourra être publiée que lorsque la France sera libre?

Je détache cependant de ce livre inachevé une page relative à l'époque où je terminais *les Mystères du Peuple* et où je commençais d'écrire *le Fils de Famille* récemment édité dans le *Siècle*.

En publiant ce fragment, à demi dégagé de la partie exclusivement bibliographique et littéraire, j'acquitte une dette d'honneur.

Il m'a toujours paru d'une indigne lâcheté de ne pas défendre ses amis absents, ou de ne pas dire tout haut le bien que l'on pense d'eux, surtout lorsque la valeur, la loyauté de leur caractère est méconnue ou ignorée de gens de bonne foi, et odieusement calomniée par le sens vieux et par les méchants.

Lors d'une polémique dernièrement soulevée au sujet de *madame Marie de Solms*, dans le *National*, elle m'a fait l'honneur d'en appeller publiquement à mon témoignage.

Il m'était impossible de ne pas répondre à cet appel ainsi que je le devais ; seulement, je n'ai pas cru opportun de le faire au milieu des vivacités d'une polémique regrettée des véritables amis de madame de Solms, et je m'honore d'être de ce nombre ; puis, enfin, quelques lignes insérées dans un journal n'eussent pas rendu complétement ma pensée. J'ai préféré détacher de l'*Histoire de mes livres* ce fragment, écrit depuis assez longtemps déjà, et où je retrouve, parmi d'autres esquisses, celle de l'une des plus intéressantes physionomies de notre temps. Je puis, d'ailleurs, d'autant moins oublier le jour où j'ai eu le plaisir de voir madame de Solms pour la première fois, que justement, ce jour-là, ainsi qu'on va le lire ci-après, j'avais été excommunié en chaire par le curé de mon village, au sujet du *Juif Errant* et des *Mystères du Peuple*.

I.

..... Je travaillais alors activement aux derniers volumes des *Mystères du Peuple*... J'ai dit précédemment de quelle utilité m'avait été mon initiation à la vie politique active pour l'intelligence de certains faits de notre immortelle révolution de 1789-1795.
. . . .
— J'occupais alors le premier étage d'une maisonnette du village d'*Annecy-le-Vieux*. Les métayers logeaient au rez-de-chaussée de cette demeure ; souvent, durant les veil-

lées d'hiver, les chants rustiques de mes voisins, parvenant jusqu'à moi à travers le plancher sonore, me distrayaient, non sans douceur, de mes travaux ou de mes pensées. Braves gens, d'ailleurs, que ces métayers. Fanchette, leur fille infatigable au labeur, béchant, piochant à tour de bras, portant des fardeaux à éreinter un cheval, vous saluait toujours d'un franc et joyeux sourire. La vieille mère, encore vaillante quoique infirme, allait, en béquillant, sarcler, fauciller, jardiner à outrance. Le père, savoisien de la vieille roche, laborieux et sobre durant la semaine, allait consciencieusement, méthodiquement, au cabaret le mardi, jour du marché...., puis il rentrait le soir fort animé. Je l'entendais à travers mon plancher pérorer ou raconter... quoi ? — Je ne sais, car il s'exprimait en patois.... mais avec une singulière exaltation et surtout avec une faconde intarissable. Souvent ses monologues, tout d'une haleine et d'un trait, duraient trois ou quatre heures, tandis que la vieille mère et la jeune fille, plus fortunées que moi, comprenant ces belles choses.., écoutaient en filant silencieusement leur quenouille.

Le but essentiellement anticatholique des *Mystères du Peuple*, tel que je l'ai indiqué en exposant la raison d'être de cet ouvrage, redoubla la vieille haine du clergé contre moi, et, en 1853, un mandement de l'évêque d'Annecy menaça d'excommunication ceux des fidèles de son diocèse qui liraient le *Juif Errant* ou les *Mystères du Peuple*.

Le curé de mon village, bonhomme au fond, en dehors de son métier de prêtre, ainsi que beaucoup de pauvres ecclésiastiques savoyards, et qui souvent, me rencontrant au bord du petit ruisseau de la Saulaie, m'attaquait gaiement de théologie, à quoi je ripostais non moins gaiement ; mon curé, dis-je, devant lire au prône du dimanche le maudement épiscopal relatif à mes œuvres, se rendit chez moi le samedi vers la fin de la journée. J'étais à cette heure, selon ma coutume, en ascension dans la montagne. Il savait ainsi ne devoir pas me rencontrer, venant, d'ailleurs, dans une pensée charitable. Elle avorta ; cela ne fut point sa faute, et voici comment : j'avais pour servante une française, honnête et bonne fille, mais — par goût ou par habitude — ne hantant ni l'église ni le confessionnal. Donc, le samedi soir, mon curé frappe à la porte et dit à ma servante d'un air paterne :

— Mon enfant, vous ne venez jamais à la messe !

— Dame, monsieur le curé...., c'est l'heure où mon maître déjeune.

— Ni à vêpres !

— C'est l'heure où mon maître goûte.

— Ni au salut !

— C'est l'heure où mon maître dine.

— Ni le soir aux exercices religieux !

— C'est l'heure où mon maître soupe.

La fine commère, pour excuser son indévotion, me transformait en Gargantua, malgré ma sobriété habituelle.

Le curé reprit :

— Enfin, comme il pourrait se faire, par hasard, qu'il vous prit le bienheureux désir d'aller demain à la messe, je dois vous prévenir d'une chose très-grave.

— De quoi, monsieur le curé ?

— Selon le mandement de Monseigneur, mandement que je lirai demain au prône, plusieurs livres écrits par votre maître seront déclarés tellement impies, que les fidèles qui les liront seront excommuniés. C'est donc en réalité frapper votre maître d'excommunication..... Vous voici avertie.... Bonsoir !

— Vous êtes bien honnête, monsieur le curé... Bonsoir !

Le bonhomme ne pouvait dire à ma servante : —

« N'allez pas au service divin ; » — mais il pensait que si, par hasard, elle avait eu cette fantaisie, elle y renoncerait, sachant qu'elle devait y entendre traiter son maître de réprouvé... Mais point....

Le dimanche matin, je vois entrer ma servante attifée de sa plus belle robe et de son plus frais bonnet. Elle me dit :

— Si monsieur n'a pas besoin de moi..., je vais aller à la messe.

— Allez à la messe, mon enfant, si cela vous amuse, allez à la messe.

— Oh ! ce n'est pas par amusement que j'y vais.... c'est seulement par occasion d'entendre... excommunier monsieur, — me répondit naïvement cette curieuse;—et, comme je n'ai jamais entendu excommunier personne.....

— Vous ne pouvez naturellement choisir une occasion plus favorable... Allez vite, et, à votre retour, vous me donnerez des nouvelles de la chose.

J'étais peu ou point surpris, et moins encore, l'on s'en doute, alarmé, d'entendre gronder au-dessus de ma tête les foudres épiscopales et pontificales.... Je suis à cet endroit-là — que l'on me pardonne cette vulgarité—bon cheval de trompette, et depuis long-temps déjà fort accoutumé au tintamarre de ces pétarades de sacristie, dont, pour moi, le moindre inconvénient est de faire long feu. Je poursuis donc mon travail.... l'épisode de *la croisade contre les Albigeois*. Le sujet, on le voit, ne manquait pas d'un certain à-propos.

— Eh bien, dis-je à ma servante, à son retour de l'église, — quoi de nouveau?

— Ah! monsieur !... ah ! monsieur ! — Et la pauvre fille de rire de tout son cœur. — Ah! mon Dieu !...

— Achevez, mon enfant; j'espère, pour la satisfaction du pape, de l'évêque et du curé, que leur excommunication aura produit sur leurs paroissiens un effet moins désopilant que sur vous.

— Monsieur connaît bien.... — et ma servante de rire encore — monsieur connaît bien la mère Nâne?

— La mère Nâne qui demeure au bas de la montée du village... près du ruisseau des Laveuses?

— Oui, monsieur; eh bien, en sortant de l'église: « — Jésus, mon Dieu! s'écrie-t-elle, et dire que, sans « penser à mal, j'avais depuis dix ans cette scélérate de « complainte du *Juif Errant*.... collée au-dessus de ma « cheminée... je m'en vas joliment me dépêcher de l'ar- « racher et de la fourrer au feu... Faute de quoi, je serais excommuniée...! dà... » — Et la mère Nâne court encore!...

D'où il suit que la bonne femme, entendant son curé menacer d'excommunication ceux-là qui liraient ou auraient en leur possession le *Juif Errant*, avait confondu mon livre, ignoré d'elle comme de tant d'autres, avec la belle enluminure que l'on sait... où l'on voit le juif barbu, sac au dos, bâton à la main, se mettre en route pour son voyage sans fin ni trève.

Ma servante riait encore aux larmes, lorsque je reçus une très-aimable lettre de madame de Solms, alors de passage à Annecy. Elle voulait bien me témoigner le désir de connaître l'auteur de *Mathilde*, des *Mystères de Paris*, etc.; mais, sachant mes habitudes de travail, et voulant m'épargner tout dérangement, elle me priait de lui indiquer l'heure à la quelle je pourrais la recevoir, ainsi que quelques personnes de ses amies.

L'un des priviléges de mon âge et de la réputation d'homme solitaire et laborieux, dont je jouis parmi mes bons voisins de la ville d'Annecy, était de me permettre, sans trop manquer aux convenances, de recevoir la visite que l'on annonçait au lieu de la prévenir par la mienne. Je m'empressai donc de répondre à madame de Solms que je serais à ses ordres de deux à trois heures. Je ne la connaissais pas personnellement ; je savais seulement par le bruit public que, petite-fille de *Lucien Bonaparte*, et ainsi très-proche parente de M. Louis Bonaparte (momentanément EMPEREUR DES FRANÇAIS), elle avait, peu de temps après le crime de décembre, qu'elle condamnait énergiquement, été expulsée sans pitié par *son cousin*, quoi qu'elle fût fort malade et que la vie de son enfant, à peine âgé de six mois, donnât des craintes sérieuses. Je savais enfin qu'ensuite de la part prise à son expulsion par M. de Solms, sa femme avait dû se séparer de lui.

L'exil, les malheurs de cette jeune femme séparée de son mari, position qui m'a toujours semblé si triste, si difficile, si délicate, que j'ai exposé plus haut à quel sentiment j'ai obéi en écrivant l'an passé le roman intitulé: — *La femme séparée*; — l'exil, dis-je, les malheurs de madame de Solms, sa situation particulière rendaient pour moi sa visite doublement intéressante. Je la reçus à l'heure dite: elle était accompagnée de deux femmes de sa connaissance et de l'un de ses plus anciens et de ses meilleurs amis, M. A. de Pomereu. Je l'avais autrefois rencontré dans le monde, et j'ai pu apprécier plus tard son mérite : esprit très-original, très-érudit, cœur excellent, caractère loyal et valeureux, M. de Pomereu est de ce très-petit nombre de légitimistes qui pourraient rendre quelque vitalité au parti du passé, si le passé.... et quel passé, grand Dieu ! !.. pouvait jamais être l'avenir.

Je fus moins frappé de l'exquise beauté de madame de Solms que de l'extrême juvénilité de son aspect. Elle semblait à peine atteindre à sa seizième année, quoiqu'elle eût alors vingt ans. Elle m'épargna, d'ailleurs, avec autant de tact que de bon goût ces éloges à brûle-pourpoint qui rendent insupportable ce qu'il y a déjà (pour moi du moins) de gênant, de presque ridicule dans cette espèce de trop flatteuse *exhibition* de sa personne, à la quelle tout écrivain, de si petit renom qu'il soit, est quelquefois condamné par le savoir-vivre.

Je témoignai à madame de Solms la sympathie que m'inspirait son exil, et surtout la cause généreuse de cet exil... Et, à ce propos, je n'oublierai jamais avec quelle énergie, quelle chaleureuse indignation, cette toute jeune femme flétrit le crime de décembre... non pas en se posant en victime, quoiqu'elle regrettât cruellement son pays (elle a toujours eu la fière pudeur du chagrin), mais en s'apitoyant, avec une sincérité touchante et parfois navrante, sur la misère affreuse, sur les maux irréparables de tant de pauvres familles frappées par le bannissement de ceux qui les faisaient vivre. Je vis des larmes, qu'elle s'efforçait de contenir, rouler dans ses yeux en me parlant de certaines détresses poignantes, me faisant deviner que, grâce à sa fortune personnelle, bien souvent elle allégeait ces souffrances; générosité dont l'exilée ne s'est jamais départie, et dont plus tard j'ai eu des preuves réitérées. Je puis certainement affirmer, en restant au dessous du chiffre réel, qu'elle a toujours consacré en moyenne au moins vingt-cinq louis par mois à des secours de toute nature.

L'une des personnes dont madame de Solms était accompagnée, n'imitant pas sa réserve, et par un sentiment dont j'aurais dû être reconnaissant, mais qui, je le confesse, eut un résultat contraire, ayant ramené l'entretien sur *mes livres*, je trouvai aussitôt, grâce à une transition un peu brusque, il est vrai, le moyen d'échapper à une averse de louanges que je voyais s'amonceler.... Je détournai et attirai cette pluie de fleurs sur BALZAC, en disant toute l'admiration que m'inspira toujours le plus grand romancier des temps modernes et passés. Bien m'en prit de mon échappatoire.... Madame de Solms, élevée, si l'on peut s'exprimer ainsi, sur les genoux de madame *Récamier*, l'immortelle amie de Chateaubriand, avait connu Balzac à l'Abbaye-au-Bois, alors qu'elle était encore enfant, et que Chateaubriand, frappé de sa gentillesse et de sa précocité d'esprit, s'amusait à ui apprendre à lire : devenue jeune fille et jeune femme, ιelle conserva des relations très-cordiales avec Balzac; de cette longue, intelligente et féconde fréquentation du génie, jointe à l'extrême sagacité ainsi qu'à la remarquable mémoire de madame de Solms, il advint que peut-être pour la première fois j'entendis, ce jour-là, apprécier Balzac comme il devait l'être, surtout en ce qui touche sa profonde connaissance du cœur des femmes. Non seulement tous les types immortalisés par le grand écrivain étaient restés présents au souvenir de l'exilée; mais, grâce à cette mémoire merveilleuse qui n'est pas la vulgaire et matérielle mémoire du cerveau, mais celle de l'esprit, les nuances les plus délicates, les plus intimes de ces caractères si multiples, fouillés jusqu'au vif de l'âme par le romancier, étaient, je ne dirai pas seulement comprises, mais vivement éclairées, je dirais presque révélées, dans ce qu'elles pouvaient avoir de vague, de difficilement perceptible pour l'immense majorité des lecteurs de Balzac. Je me souviens, entre autres, de l'appréciation de la duchesse de Maufrigneuse et d'Eugénie Grandet. Or, je le dis sincèrement, et j'ai quelque expérience à cet endroit, apprécier de la sorte, c'est s'assimiler une création, dans ce qu'elle a de plus élevé. Cette faculté n'appartient qu'aux intelligences d'élite; seulement, en reconnaissant ce don si rare chez une jeune femme de vingt ans à peine, je fus à la fois charmé, surpris et effrayé pour elle. Lorsqu'à cet âge l'on s'est assimilé, l'on a rendu sienne une telle faculté d'analyse inexorable, l'on doit avoir déjà beaucoup souffert; le malheur seul peut produire ces fruits amers.

Observateur par caractère, si non par goût, j'étudiais, à part moi, avec un intérêt et une curiosité croissantes, la physionomie si peu commune de l'exilée, lorsqu'elle m'apparut sous un jour tout nouveau, grâce à un incident amené par le hasard. Peu d'instants avant le départ de madame de Solms, je sollicitai son concours pour la fondation d'une école primaire au *Chable*, village de Savoie sur la frontière suisse. Un excellent démocrate qui vaut autant par le cœur que par son dévouement éclairé à notre cause, *M. Dunan* (je m'estime heureux de citer ici son nom), s'occupait activement de la création de cette école, afin de balancer l'influence cléricale; il m'avait prié de demander à mes amis assistance à ce sujet: madame de Solms s'empressa de s'inscrire sur la liste des souscripteurs, tandis que M. de Pomereu lui disait en souriant:

— Vous deviez, madame, plus que personne, venir en cette circonstance en aide à vos collègues.

— Comment cela? — lui dis-je — quels sont les collègues de madame?

— Les instituteurs et les institutrices.... Madame de Solms a passé ses examens d'institutrice pour les écoles primaires et secondaires. Elle possède ses diplômes en bonne et due forme... j'ajouterai que l'un de vos plus illustres amis, *M. de Lamennais*, assistait au dernier des examens subi par madame à l'hôtel de ville.

Je restai, je l'avoue, muet de surprise... je trouvais quelque chose de bizarre et de touchant à me représenter cette jeune femme réunissant les dons de l'esprit, de la grâce, de la richesse et de la beauté, subissant ces modestes examens d'institutrice des enfants pauvres. Elle rougissait, assez embarrassée; puis à ce modeste embarras, el eléchappa, en me disant, selon la formule consacrée, qu'elle craignait d'abuser plus longtemps de mes instants; elle se leva, et je lui offris mon bras jusqu'à sa voiture.

Resté seul, et selon mon habitude de conclure du connu à l'inconnu, me trompant rarement dans ce diagnostic moral que je dois à l'âge et à ma coutume d'observation, je tentai de formuler le caractère de madame de Solms. Ce devait être une nature à la fois très-délicate, très-sensitive, mais très-résolue et très-opiniâtre dans sa volonté... Son horreur de la dissimulation et de l'hypocrisie, jointe à un impérieux besoin d'expansion et à une loyauté virile, devait lui assurer des amitiés durables... et des inimitiés non moins durables. Généreuse à l'excès, ne mesurant jamais son dévouement pour ses amis, sensible plus que personne à la bienveillance, essentiellement bonne, mais ne laissant jamais tomber une agression, elle me représentait la franchise inexorable et la bonté armée...

Mes prévisions ne m'abusaient pas, ainsi que j'en acquis plus tard la certitude.

II.

Madame de Solms avait bien voulu me demander d'aller la voir à Aix, où elle résidait... Mes travaux, mes habitudes de retraite m'empêchèrent de profiter de cette invitation ; elle me la rappela en m'envoyant quelques romances de sa composition, paroles et musique, plusieurs pièces de vers et un livre écrit par elle sur Nice. J'appris seulement ainsi que l'exilée était poëte, musicienne, écrivain. Je sus aussi plus tard qu'élève de madame de *Mirbel*, elle peignait la miniature à merveille. J'ai vu des portraits dus à son pinceau, qui eussent assuré la réputation d'un artiste.

J'étais moins frappé de la réunion de ces dons si divers, de ces facultés si variées chez une même personne, qu'attristé en songeant qu'elle était condamnée à la vie errante de l'exil, et à cette autre espèce d'ostracisme auquel les habitudes et les préjugés de la majorité de la société vouent parfois les femmes séparées de leurs maris, la cause de cette séparation fût-elle aussi impérieuse, aussi honorable que celle qui avait nécessité la séparation de madame de Solms. Mariée à quinze ans, elle avait dès lors commencé le cruel apprentissage de cette existence rayonnant au dehors toutes les élégances, tous les prestiges du luxe... et secrètement rongée par l'âcreté des larmes solitaires.

Lorsque — ainsi que moi — l'on est arrivé depuis longtemps au déclin de l'âge, l'on ressent une sympathie mélancolique pour la jeunesse qui entre, elle, radieuse dans la vie, y apportant ses illusions, ses espérances, ses désirs, ses joies... et surtout sa *belle sève printanière*, dit Montaigne... Mais, quand la jeunesse a été déjà rudement éprouvée par le malheur et par des déceptions précoces, cette sympathie augmente ; il en fut ainsi de l'intérêt que m'inspirait madame de Solms, et il s'y joignit une haute estime pour son caractère, lorsque je lus la déclaration suivante insérée dans les journaux de Belgique et de Savoie :

Spa, 14 juin 1852.

. . . .

« Il est très-vrai que des démarches ont été faites
« auprès de moi pour m'engager à demander ma grâce
« à mon cousin, avec promesse qu'elle me serait immé-

« diatement accordée en y joignant des avantages plus ou
« moins considérables ; mais j'ai refusé, comme je refuserai
« toujours, de revoir mon pays à ce prix. Une femme
« peut bien avoir le courage de ses opinions, lorsque tant
« d'hommes leur abandonnent cet honneur.

« Un gouvernement libre et honnête, quel qu'il soit,
« peut seul me ramener en France. Jusqu'au jour où nos
« libertés triompheront, j'accepte l'exil, mais je réclame
« énergiquement contre toute nouvelle insinuation grave
« ou puérile tendante à faire admettre que *jamais*, soit
« dans le présent, soit dans l'avenir, sous quelque consi-
» dération et dans quelque extrémité que je me trouve, je
« puisse me rallier, soit directement, soit indirectement,
« à une famille de laquelle je me suis volontairement et
« sérieusement détachée.

« Recevez, monsieur le rédacteur, etc.

« Marie de Solms,
« *née Bonaparte-Wyse.* »

Un républicain subit vaillamment la proscription ;
c'est là le moindre de ses devoirs. Il remplit encore le
moindre de ses devoirs, en repoussant, avec le mépris
ou l'indignation de l'honnête homme outragé, la *grâce* que
l'on a l'impudente audace de lui proposer au nom de
M. Bonaparte, puisque l'on a vu de notre temps le bour-
reau proposer d'amnistier sa victime ! ! !

Une femme est attirée vers la république par l'aspira-
tion naturelle aux esprits élevés, qui tendent toujours
vers l'idéal ; mais elle n'a aucun engagement de parti...
elle n'est pas, en un mot, *femme politique* ; seulement,
elle témoigne hautement, avec l'énergie d'une âme généreuse, son horreur pour le crime de décembre... On
l'expulse brutalement : elle endure le bannissement, elle

subit une nécessité; mais du moins elle n'a pas lâchement tenté d'apitoyer son proscripteur. Cela prouve déjà une certaine valeur morale; cette valeur sera d'autant plus grande, que plus poignants seront pour cette jeune femme ces regrets de la patrie absente, qu'elle ressentira davantage cette torture physique et morale de tous les jours, de tous les instants : *le mal du pays...* qui devra un jour — et il en a été ainsi pour madame de Solms — la conduire aux portes du tombeau, et cependant, jamais une plainte, jamais un mot sur ses douleurs personnelles; car, je l'ai dit, l'exilée a la fière pudeur du chagrin... Cela ne mérite-t-il pas déjà la profonde sympathie des gens de cœur?

Ce n'est pas tout : l'exilée éprouve plus que personne ces privations si cruelles à ceux-là surtout qui, vivant par l'intelligence, par la culture des arts et des lettres, sont bannis de Paris, centre unique des lettres et des arts.

Ce n'est pas tout encore : l'exilée a péniblement conscience de la position si délicate que lui crée sa séparation conjugale; position d'autant plus difficile et évidente à l'étranger, où une femme isolée des siens, inapte à la gérance de sa fortune, malheureusement incapable de s'occuper de la direction de sa maison, des mille détails de la vie matérielle, ne peut se passer d'un guide, d'un soutien, d'*un bras* au milieu des soucis et des pérégrinations du bannissement; tandis qu'à Paris, vivant au milieu de sa famille et perdue dans l'immense tourbillon, elle ressentirait beaucoup moins les funestes conséquences de sa position exceptionnelle.

Eh bien , un jour, on dit à l'exilée ceci :

— « Non-seulement on vous ouvre l'accès de cette
« France, de ce Paris que vous aimez tant et dont le
« manque vous tue ou vous tuera; mais, en vertu de

« votre impériale parenté, un rang princier vous est of-
« fert à la cour. Ainsi disparaîtront pour vous ces diffi-
« cultés de position dont vous prenez tant de souci. Vous
« serez la *princesse Marie*, de même que madame De-
« midoff, votre cousine, séparée aussi de son mari, est
« devenue *S. A. I. la princesse Mathilde.* — Ces avan-
« tages vous sont promis, vous sont acquis SI VOUS DE-
« MANDEZ VOTRE GRACE. »

— A ces insolences — me dit plus tard madame de Solms — je haussai les épaules, et je répondis par la lettre que vous connaissez.

Certes, si pour apprécier la valeur d'un pareil refus, l'on se place au point de vue d'un proscrit républicain lié par le devoir, ou même, faisant toute abstraction de parti, si l'on se place au point de vue de l'homme de cœur, un pareil refus n'est rien de plus que ce que commande la dignité de soi à une âme ferme et droite.

Or, cette dignité de soi, cette fermeté, cette droiture d'âme se sont dès ce moment révélées à mes yeux chez madame de Solms, et je l'ai dit, je conçus dès lors, et j'ai toujours conservé depuis, une haute estime pour son caractère. Cette estime a été, est encore et sera toujours la base de ma sérieuse amitié pour elle, amitié honorable à qui l'inspire, honorable à qui l'éprouve.

III.

Jusqu'au jour où je lus dans les journaux de Savoie la protestation publique de madame de Solms, j'avais, je le confesse, étant très-occupé d'ailleurs des *Mystères du Peuple*, laissé un peu dans l'oubli le livre sur Nice, que l'exilée avait eu la bonté de m'envoyer, ainsi que plusieurs romances. Je m'étais borné à lire les romances, élégies touchantes, très-facilement et parfois trop facilement versifiées, la rime n'étant pas toujours, selon moi, suffisamment riche; puis j'avais prié une personne de mes amies de me chanter les paroles dont la musique était composée par madame de Solms. Nul n'est plus que moi ignorant de la musique : mais nul n'est plus impressionnable que moi à la mélodie. Or, la romance de la *Cascade du Grési*, entre autres, me causa un véritable plaisir ; j'ai rarement entendu de chant plus simple et plus suave.

Ainsi nous sommes faits, que la lettre publiée par l'exilée dans les journaux de Savoie me fit doublement regretter ma négligence à l'endroit du livre sur NICE. Je le lus, et je dirai, en citant quelques passages de cette œuvre, l'impression qu'elle m'a laissée. Je suis peu complimenteur, et, de plus, la louange accordée *quand même* m'a toujours semblée témoigner d'une singulière impertinence ou d'un insultant dédain, lorsque ceux que vous louangez ainsi outrageusement sont dignes d'égards par leur mérite ; puis la nature même de ma très-sérieuse amitié pour l'auteur du livre sur NICE m'a toujours interdit de galantes hyperboles ; elles seraient de ma part une injure à la confiance qu'il voulait bien avoir en moi en me consultant sur ses écrits et en me demandant une appréciation sincère jusqu'à la sévérité.

Avant de parler du livre sur NICE, je citerai l'une des poésies de madame de Solms, non pas, tant s'en faut, la meilleure de toutes au point de vue de l'art, quoiqu'elle ait certainement une valeur littéraire, ainsi que l'on en pourra juger ; mais parce qu'elle est l'expression d'un sentiment d'une délicatesse touchante.

J'ai dit, dans la notice relative à mon roman intitulé : *Cornelia d'Alfi*, combien avait été large et sympathique envers les proscrits français l'hospitalité du gouvernement du roi de Sardaigne. J'ai rendu justice à la loyauté de cet honnête homme qui, résistant tour à tour aux promesses et aux menaces de la France et de l'Autriche, qui, en 1852, le pressaient de fouler aux pieds la constitution jurée par lui, avait publiquement déclaré qu'il ne commettrait jamais *une pareille infamie.*

J'ai enfin témoigné, en ce qui m'était particulier, ma vive gratitude pour le gouvernement sarde, qui deux fois a bien voulu, à mon *insu*, refuser mon expulsion de Savoie, opiniâtrement demandée, presque exigée par les gens de M. Bonaparte. J'eusse immédiatement quitté Annecy, afin d'épargner au ministère piémontais le souci de ce conflit, si j'en avais été informé à temps; j'ai toujours considéré comme un devoir d'honneur de m'efforcer de n'être ni le sujet ni même le prétexte de difficultés créées à un gouvernement qui m'accorde un refuge.

Madame de Solms, lors de son expulsion de France, fut accueillie par le roi de Sardaigne avec une recherche de prévenances, peut-être même avec une sorte de généreuse affectation de courtoisie qui semblait surtout s'adresser à la victime d'un despotisme brutal.

Ce prince se montra pour elle rempli de déférence, madame de Solms trouva bientôt l'occasion de témoigner sa reconnaissance d'un si bienveillant accueil : la mort s'appesantit soudain sur la maison de Savoie.

En très-peu de jours, la reine mère, la jeune reine, épouse de *Victor-Emmanuel*, et son frère, furent emportés avec une foudroyante rapidité. Le clergé sarde, en cette occurrence, se montra d'une si noire hypocrisie, d'une perfidie si féroce, que l'on n'y peut songer sans épouvante. Les prêtres seuls peuvent, en vérité, rêver de pareilles scélératesses et avoir surtout l'audace d'en rendre le ciel complice! Oui, ces prêtres sans pitié pour ce malheureux homme, frappé à la fois comme fils, comme époux et comme frère, ne respectant pas même en lui la majesté du malheur, la seule sacrée, ces prêtres... dans leurs journaux, dans leurs prônes, eurent l'effronterie sacrilége et l'atroce imbécillité de proclamer que la main de Dieu frappait la mère, l'épouse et le frère de ce prince réprouvé, parce qu'il ne s'opposait point à la loi de sécularisation des biens ecclésiastiques ! loi imposée à la couronne par le pouvoir législatif, organe de l'opinion publique.

Ce fut alors que madame de Solms écrivit les vers suivants :

CHANT FUNÈBRE SUR LES MORTS PRÉMATURÉES

DES DEUX

REINES MARIE -- THÉRÈSE ET MARIE -- ADÉLAÏDE

ET DE

FERDINAND, DUC DE GÊNES.

O douleur ! ô stupeur ! ô terrible mystère !
Le mal préside-t-il aux choses de la terre ?
   Faut-il douter des cieux ?
Quel étrange hasard dirige donc la foudre
Qui frappe la vertu, quand elle semble absoudre
   Le crime audacieux ?

Quoi ! le monde admirait un roi qui, de lui-même
Imposant une borne à son pouvoir suprême,
A convié son peuple à se donner des lois,
Et, malgré les clameurs poursuivant sa carrière,
Renversant des abus la gothique barrière,
Fondait sur leurs débris l'égalité des droits.

Le peuple applaudissait un exemple si rare ;
Les soldats, se montrant le héros de Novare,
    S'inclinaient devant lui.
Une mère chérie, un frère à lui semblable,
Une épouse angélique entouraient — cercle aimable —
    Son foyer réjoui.

Certe, il était heureux ; et c'était chose juste,
Et sous l'arbre royal croissait un jeune arbuste,
Et l'on aimait à voir l'honneur récompensé !
Mais quelle joie échappe à la tombe jalouse ?
L'enfant meurt — puis l'aïeule, après la jeune épouse —
Puis le frère — en trois mois... O Dieu, Dieu courroucé !

Inclinons-nous pourtant devant la Providence ;
Ses décrets sont cachés à l'humaine prudence ;
    Dieu choisit ses élus !
Pour de vastes desseins si Dieu vous a fait naître,
Roi, souffrez vaillamment ; les plus grands sont peut-être
    Ceux qui souffrent le plus.

La vie est plus puissante au sortir d'une crise ;
L'homme fort se retrempe où le faible se brise.
Vous êtes l'homme fort que Dieu retrempe ainsi,
Et, comme il vous réserve une œuvre peu commune,
Il vous rend inflexible aux coups de la fortune,
Et vous forge un courage à l'avance endurci.

    Peut-être aussi l'épouse tendre,
    Que vous enlève le trépas,
    Au ciel monte pour y défendre
    Celui qu'elle aimait ici-bas.
    S'il faut qu'en la divine enceinte
    La voix touchante d'une sainte

Pour nous implore le Très-Haut,
Quelle sainte plus accomplie
Pourrait être mieux accueillie
De Dieu, qui sait ce qu'elle vaut ?

Protégez-nous dans nos tourmentes,
Veillez sur nous du haut du ciel,
De la fleur des vertus charmantes
Vous qui composiez votre miel.
Votre piété, noble reine,
Était la source toujours pleine
D'où ne coulaient que des bienfaits ;
Et son action salutaire
Ne s'est révélée à la terre
Que par les heureux qu'elle a faits.

Il est un fanatisme sombre
Qui se dresse contre les lois,
Et, nouant ses complots dans l'ombre,
Comme un glaive brandit la croix.

Chez lui, la piété farouche
Marche la menace à la bouche,
Versant des malédictions ;
Il fait d'une loi d'indulgence
Un instrument de sa vengeance
Et le fléau des nations.

Protégez-nous contre ses trames,
Reines saintes, veillez sur nous ;
Voyez nos enfants et nos femmes
Qui vous invoquent à genoux :
L'époux en deuil, le fils sans mère
N'échappe à sa douleur amère

Que pour être aux devoirs d'un roi...
Bénissez l'alliance intime
D'un peuple et d'un roi magnanime,
Qui l'un dans l'autre ont mis leur foi.

Roi vaillant ! reprends ta pensée
Qu'a suspendue un triple deuil :
Achève l'œuvre commencée ; —
Toi, peuple, reprends ton orgueil !
Marchez appuyés l'un sur l'autre ;
Une noble ardeur est la vôtre,
Et ce règne sera fécond...
Vous nous guidez dans nos tempêtes,
Nous vous bénirons dans nos fêtes,
Saintes patronnes du Piémont.

On voit l'image de la Vierge
Aux murs blancs des pauvres réduits ;
Devant elle on allume un cierge,
Pour elle on va cueillir le buis.
A côté de la vierge-mère
Vous prendrez place en la chaumière,
Reines qu'aimaient les paysans,
Et l'image des trois MARIES
De buis et d'épines fleuries
Se couronnera tous les ans.

16 février 1855.

MARIE DE SOLMS,
née Bonaparte-Wyse.

Nous le répétons, nous donnons ces vers de madame de Solms, non comme un spécimen de sa valeur littéraire, mais comme un témoignage de touchante reconnaissance envers une famille cruellement éprouvée. Cependant, plusieurs strophes, notamment celle commençant par ces vers : — *La vie est plus puissante au sortir d'une crise*, — sont d'un style ferme et soutenu. Nous trouvons aussi un souffle poétique d'une certaine puissance dans le mouvement de cette strophe : — *Il est un fanatisme sombre*, etc. Enfin, la dernière strophe, où il est fait allusion aux *trois Maries*, est d'une religiosité empreinte d'un charme doux et triste.

Si l'auteur de ces vers était, ainsi que nous l'avons déjà dit, *une femme politique*, — appartenant à *un parti*, et ayant dès lors à observer les rigoureuses convenances, les devoirs sévères et souvent les sacrifices qu'il impose, — l'on pourrait lui justement reprocher ses amitiés royales ; mais il n'en est point ainsi... et même dans ces vers, c'est moins encore les reines et le royal rejeton qu'elle pleure, que la mère, l'épouse et le frère. Si elle glorifie le roi, elle le confond avec la nation. Certes, les sympathies, les admirations de l'exilée sont à la république, parce que ce gouvernement est celui des grands peuples, des âmes fortes, des cœurs valeureux et dévoués; mais la seule opinion bien arrêtée dont cette jeune femme ait toujours témoigné par ses actes, c'est l'invincible horreur du parjure et du crime, c'est l'amour de la sainte liberté, témoin ces vers dédiés à l'un de ses meilleurs amis, GIOBERTI, et adressés aux patriotes italiens :

A VINCENZO GIOBERTI.

L'ITALIE

AUX PATRIOTES ITALIENS.

Italie, Italie, ô terre des prodiges,
O terre dont la gloire égale la beauté,
En vain ton sol magique étale ses prestiges,
Ta splendeur ne dit rien à mon œil attristé.

Ah! c'est que l'étranger opprime tes campagnes,
C'est que tes citoyens remplissent tes prisons,
C'est que je vois, du haut de tes saintes montagnes,
L'étendard autrichien flotter aux horizons.

O superbes cités que le deuil enveloppe,
Ne pourriez-vous montrer, triomphantes encore,
Les aigles que César promena dans l'Europe
Et qui n'ont plus d'asile au lieu de leur essor?

Piémontais et Lombards, peuples des Deux-Siciles,
Peuples de l'Etrurie, ô fils de Romulus,
Vous descendez d'aïeux aux chaînes indociles:
De ces fameux vainqueurs ne vous souvient-il plus?

Je soupirais ainsi, perdue en ma pensée;
J'étais seule pleurant ta grandeur éclipsée,
Rome! quand tout à coup, au sein du Panthéon,
Plus de cent mille voix ont proclamé ton nom.

O Rome, sois encore reine de l'Italie !
Rome, rappelle-toi ton passé qu'on oublie !
O Rome, redeviens la mère des héros !
Rome, réveille-toi pour des âges nouveaux !

Si l'antiquité dort au pied du Capitole,
Le trône et le tombeau des faux dieux d'autrefois,
L'avenir resplendit sur la vaste coupole
        Où le Christ a posé sa croix.

De palais en palais, de ruine en ruine,
Du Tibre aux Apennins, de Venise à Messine,
Un brillant météore apparaît dans les airs ;
Il embrase le ciel, la plage et les deux mers.
L'Italie est debout, s'appuyant sur son glaive ;
L'ivresse du triomphe exalte ses esprits.
O prodige ! ô bonheur ! non, ce n'est point un rêve,
La *liberté* rayonne au seuil des saints parvis.
Le forum retentit d'une clameur nouvelle ;
Les pompeux monuments de la ville éternelle,
Ses dômes, ses palais, son cirque, ses tombeaux
Se couronnent de fleurs, de pourpre, de flambeaux ;
La veuve des Césars, debout sur ses collines,
Porte un globe ombragé par des palmes divines.
L'Italie affranchie accomplit son destin
Et groupe ses drapeaux sur le mont Palatin.

Je me souviens que, lorsque, cédant au désir d'une femme de ses amies, madame de Solms voulut bien nous dire ces vers dans une soirée où nous nous trouvions cinq ou six personnes, elle portait une robe de cachemire blanc, relevée à la naissance des bras et au corsage par des camées. Ses cheveux noirs, enroulés autour de sa tête en nombreuses nattes, à la grecque, selon son invariable coutume, donnaient à la régularité de ses traits un caractère de beauté antique. Or, je l'avoue, l'accent ému, la physionomie expressive, presque inspirée de l'auteur de ces vers d'un sentiment patriotique élevé, ne me disposaient guère à les critiquer, s'ils devaient l'être au point de vue littéraire. Ainsi ferai-je aujourd'hui, car il me semble être encore sous le charme de ce gracieux souvenir.

Nice ancienne et moderne, ouvrage publié en 1853 par l'exilée, avait déjà, lorsque je le lus, été treize fois édité. Ce succès est mérité; le livre, consciencieusement élaboré, est très-complet, et possède une qualité indispensable aux œuvres de cette nature; il est surtout parfaitement coordonné, ainsi qu'on en peut juger par ce sommaire :

Nice ancienne et moderne, depuis sa fondation jusqu'en 1848. — Agriculture. — Commerce. — Législation. — Dialecte composé. — Dictionnaire usuel. — Biographie des hommes et des femmes illustres. — Flore et classification botanique. — Description des promenades intéressantes. — Légendes populaires.

La partie historique témoigne des patientes recherches de l'auteur; son érudition, non pas trouvée *toute faite*, mais acquise avec labeur, domine son sujet, met habilement en relief et en lumière les principaux événements. Il sont presque toujours bien caractérisés, et sauf quelques points, leur appréciation m'a paru juste et morale. Les faits s'engendrent logiquement, au lieu d'être exposés successivement et sans cohésion entre eux. Le récit, concis, clair, sobre et parfois coloré, atteint souvent à l'éloquence. Ainsi, après avoir raconté la bataille de *Montauron*, où Nice, assiégée, fut sauvée par l'intrépide bravoure et par l'exaltation patriotique d'une femme du peuple, CATHERINE SEGURANA, nouvelle *Jeanne Hachette,* l'auteur ajoute les réflexions suivantes :

« Maintenant, lecteur, parcourons ensemble les places,
« les édifices de la ville qui a eu l'honneur de donner le
« jour à l'héroïne qui chassa l'étranger du sol de la pa-
« trie. Où la trouverons-nous, cette magnifique person-
« nification de l'honneur national vengé? Où est le rude
« et mâle visage de Catherine Segurana?.... Cherchons.....
« Vous ne le trouverez nulle part, si ce n'est peut-être
« dans une méchante toile conservée à l'hôtel de ville....
» Habitants de Nice! vos pères étaient des héros ; vos
« filles, vos femmes des héroïnes; et vous n'avez rien fait
« pour recommander leur mémoire à la vénération de la
« postérité?.... Cependant, l'exemple de ceux qui ont bien
« mérité de la patrie est utile... Cet exemple recommande
« impérieusement les vertus civiques.

« Quoi ! cette admirable personnification de la vertu
« populaire , incarnée dans ce qu'il y a de plus élevé,
« de plus grand aux yeux de Dieu.... une sainte femme
« du peuple délivrant son pays! a laissé indifférents vos
« peintres, vos poëtes, vos statuaires ?.... Il faut chercher
« dans la poussière de vos archives une image que vous
« devriez porter sur vos drapeaux! Qu'importe le beau
« soleil qui vous éclaire, si vous n'en avez conservé un
« seul rayon dans vos cœurs pour y réchauffer le plus
« sacré des amours, l'amour de la patrie!.... »

Voilà, selon nous, de généreux sentiments traduits par
de nobles paroles. De pareils passages se rencontrent fré-
quemment dans l'*Histoire de Nice* ; seulement nous re-
grettons, sans nous en étonner d'ailleurs, que l'auteur se
soit fait l'écho de déclamations passionnées contre la terreur de 1793. La terreur sauva la France et la Révolution. La terreur, acte *défensif* et non pas *offensif,* fut provoquée par d'abominables assassinats , par des guerres
civiles d'un caractère atroce, par des complots parricides

avec l'étranger qui cernait nos frontières, par des moyens d'attaque d'une lâcheté et d'une barbarie jusqu'alors inouïes dans l'histoire des peuples. C'est ainsi que plusieurs de nos places fortes, de nos ports furent mis en feu par des incendiaires soldés: des milliers de citoyens, des femmes, des enfants, des vieillards périrent dans ces sinistres..... La terreur fut un duel à mort entre la République et ses ennemis intérieurs et extérieurs; mais la République fut provoquée, outragée, assaillie, meurtrie avant de se résoudre à ce terrible duel. Ajoutons, toutefois, que l'exilée rend à notre immortelle révolution un légitime hommage en dehors de son appréciation erronée au sujet de la terreur (1). Quelques pages relatives à la révolution de 1848, qui terminent la partie historique du livre, sont chaleureusement écrites.... Nous aimons à y trouver ce passage:

« ....Ah! pourquoi la France est-elle descendue des « hautes régions où l'avait placée la République? Pour« quoi est-elle tombée dans l'opprobre du régime décem« briste? Pourquoi l'avènement de ces noms odieux ou « honteux : *Morny*, *Saint-Arnaud*, *Fould*....? Pourquoi « l'éclipse de ces noms glorieux, si chers à la France: « ARAGO, LEDRU-ROLLIN, CHARRAS, LOUIS BLANC? »

Mais à côté de l'éloge, la critique. Il y aurait certes injustice à méconnaître le libéralisme éclairé, la tendance anticléricale du gouvernement des Etats Sardes. Sans doute encore, dans nos tristes temps, il est préférable pour le comté de Nice, d'être annexé au Piémont; mais l'auteur du livre sur *Nice* oublie d'abord que les véritables frontières des peuples, lorsqu'elles sont naturelles, se limitent par la différence de l'idiome et des mœurs; puis il est monstrueux de voir des congrès de rois se

---

(1) Elle en est revenue depuis.

partager les nations comme des troupeaux de bétail, sans tenir compte de leurs vœux, de leurs instincts, de leurs besoins, de leurs affinités. Les populations de Nice et de Savoie sont françaises par le cœur, par le langage, par les coutumes; et, au jour de la justice et de la réparation, elles reviendront, ainsi qu'aux beaux jours de la grande république, augmenter le nombre des enfants de la France leur mère commune.

Ces réserves faites, la lecture de la partie historique de l'ouvrage sur *Nice* m'a paru instructive, très-attachante, noblement pensée. Je n'ai pas, je l'avoue, le courage de m'appesantir sur d'assez nombreuses incorrections ou négligences de style d'autant plus évidentes que beaucoup de pages, telles que celles que j'ai citées, sont presque irréprochables; mais, à ce sujet, ce passage de l'introduction avait d'avance désarmé ma critique :

« .... Puis-je espérer que l'on tiendra compte à
« l'auteur de sa position particulière et des circonstances
« dans lesquelles il compose son ouvrage? Je comprends
« la sévérité envers un écrivain connu ! il doit justifier
« une réputation acquise, il écrit parcequ'il sent en lui
« le génie ou la science..... mais je ne suis pas dans ces
« conditions.... Plût au ciel que la vie douce et paisible
« me fût permise, je ne la troublerais pas par des velléi-
« tés littéraires.... Hélas! il n'en est pas ainsi.... Je suis
« exilée; errante en pays étranger, arrachée à toutes les
« joies du pays et du foyer. Pourrait-on me reprocher
« de charmer par quelques travaux sans importance les
« tristes heures de l'exil?... D'autres écrivent pour écrire,
« moi, j'écris pour oublier. »

Dans le tableau de *Nice moderne*, faisant suite à *Nice ancienne*, j'ai remarqué plusieurs aperçus d'une observation fine, ingénieuse, souvent un peu maligne, mais d'une malignité sans fiel. Ainsi, après avoir peint avec de vives et fraîches couleurs le riant aspect des jardins de Nice, l'auteur ajoute:

. . . .

« Vous vous extasiez devant cette magnificence fleu-
« rie, vous remerciez le poétique propriétaire de l'oasis
« offerte aux rossignols de cette atmosphère embaumée
« qui enivre le promeneur, de cette double ligne de fleurs
« qui vous transportent dans les jardins d'Armide. Hélas!
« n'ayez pas l'imprudence de cueillir une de ces violettes,
« de parer votre ceinture de l'une de ces roses. Malheu-
« reux! retiens ta main impie.... ces fleurs sont sacrées...
« Tu parle de rossignols, naïf touriste! Sache donc
« qu'ici les rossignols ne sont pas chanteurs.... mais un
« gibier... on ne les écoute pas, on les mange... Le moi-
« neau lui-même n'a pas échappé à cette fureur gastrono-
« mique... Le silence s'est fait dans les bois... les boca-
« ges sont muets. Le soleil se lève étonné de n'être plus
« salué par les concerts des petits musiciens ailés, depuis
« longtemps, hélas! rôtis et dévorés. »

. . . .

« Les fleurs sont traitées à l'avenant des oiseaux... on
« met les roses en boisseaux et on les vend au quintal!
« L'on ne cueille pas les violettes... on les fauche! Toute
« cette richesse du printemps, ces trésors de coloris et
« de parfums.... tout cela va être transformé en grais-
« seuse pommade et vendu à la livre.... Voilà pourquoi
« un promeneur qui prend une fleur dans un jardin n'est
« pas un indiscret, mais un larron... Il dérobe un produit. »

« On n'écoute pas les rossignols, on les mange; on ne
cueille pas les violettes, on les fauche, » sont certainement des traits d'observation vraie, relevée d'une pointe
de fine raillerie. Ce contraste du trafic, du positif, opposé à
la poésie des fleurs et des oiseaux me paraît heureusement
rendu. Quelques portraits de personnes alors présentes à
Nice sont d'une touche délicate. Témoin celui-ci:

« … C'était quelque chose de vivifiant à voir que tou-
« tes ces rayonnantes têtes de jeunes filles et de jeunes
« femmes belles et élégantes à l'envi, entre lesquelles se
« détachait la poétique figure de mademoiselle Batyani, la
« fille de l'illustre martyr hongrois, que nous avons tous
« pleuré, et regretté. Cette toute jeune fille d'une toute
« jeune mère est un des plus adorables types que l'on
« puisse rêver… La candeur de cette physionomie céleste,
« l'innocence de ce maintien, ce regard doux et ferme à
« la fois, font revivre l'une de ces vierges divines créées
« par Raphaël le divin… Je suis artiste, et excusable de
« m'extasier devant la beauté… Mais, je l'avoue, je dou-
« tais quelque peu des anges… Mademoiselle Batyani
« m'a donné la foi. »

Je cite ce passage parce qu'il révèle l'une des qualités de l'auteur, qualité bien rare chez une femme très-
jeune et très-belle, à savoir : l'oubli complet, permanent,
de sa beauté, joint à une admiration naïve de la beauté
des autres. J'ai aussi remarqué ces quelques lignes d'une
promenade au château :

« Je me trouvai bientôt en face du cimetière : la porte
« donnait entrée à un convoi funèbre composé de fem-
« mes et de jeunes filles vêtues de blanc. C'était le corps
« d'un enfant que le pieux cortége allait confier à la terre…
« Le petit cercueil, couvert d'une nappe blanche, sur-
« monté d'une couronne de roses et d'immortelles, lais-
« sait apercevoir la figure endormie de ce petit conqué-
« rant du ciel. »

Ce tableau n'est-il pas d'une grâce touchante ? — Dans
une autre promenade, madame de Solms raconte l'histoire d'un jeune Anglais qui s'est suicidé par amour ; puis
elle ajoute :

« …. La nuit, quand la mer se brise au pied du phare,
« l'on croit entendre un gémissement humain accusant en-

« core les rigueurs d'une ingrate... Ce tombeau est devenu
« aujourd'hui le but d'un pélerinage. Les amants fidèles,
« mais délaissés, y déposent une couronne et une larme.
« Les blondes filles d'Albion le visitent souvent... Elles
« descendent méthodiquement de cheval, s'agenouillent
« décemment devant la pierre funéraire... et tirent de
« leur poche un élégant mouchoir qu'elles portent à leurs
« yeux... Cette dernière cérémonie est de toute rigueur...
« la sensibilité se mesure à l'agitation convulsive du
« mouchoir. »

La plaisanterie n'est-elle pas de bon goût et de bon aloi? N'assiste-t-on pas à la pudibonde et correcte génuflexion de la blonde miss devant la pierre tombale du jeune martyr de l'amour?

Cependant, la tendance générale du livre, en ce qui peut révéler la personnalité de l'auteur, confirme plus les larmes que le sourire. Des pensées d'une tristesse profonde trahissent involontairement, çà et là, les douleurs d'une âme blessée... Je citerai entre mille ce passage :

« Le spectacle de la nature invite à la mélancolie, au
« recueillement, et, lorsque l'on craint de remonter le
« cours de ses souvenirs, lorsqu'on a besoin de se fuir
« soi-même, on cherche des distractions dans le bruit
« du monde ou dans une activité factice... L'espoir ou
« le désespoir absolus peuvent seuls se plaire dans la so-
« litude... L'espérance lui confie ses rêves, et la déses-
« pérance s'y nourrit de sa propre douleur avec une
« sorte d'âpre volupté. »

Cette mélancolie noire et latente, est surtout navrante lorsqu'elle s'exhale, malgré soi, de l'âme d'une femme de vingt ans comme un cri arraché par la douleur aux âmes les plus fortes; cette mélancolie, heureusement intermittente, a pour correctif, chez l'auteur du livre de *Nice*, un profond sentiment de gratitude pour la bienveil-

lance qu'on lui témoigne, et il termine ainsi son livre:
« ... Et maintenant, adieu, Nice... adieu, terre hospi-
« talière !... Je te salue du cœur et de la main... Accepte
« mes remerciments et pardonne quelques plaisanteries
» inoffensives... Et vous, amis présents ou éloignés qui
« avez consolé les heures de mon exil, merci !.... Grâce
« à vous, j'ai été plus sensible aux douceurs de la sym-
« pathie qu'aux attaques de la malveillance.... Je me
« souviendrai toute ma vie des unes... j'ai déjà oublié les
« autres. »

Ce livre me frappa non seulement par certains mérites littéraires dont je viens de donner un crayon, mais par la variété de connaissances, d'aptitudes, de travaux relatifs à ce qui, dans cet ouvrage, traitait des périodes historiques, ainsi que de l'agriculture, de la législation, du commerce, et surtout du dialecte niçard et des origines de ce dialecte, sans parler de deux légendes populaires, *Rocasparviera* et la *Tina dei Fada*, très-curieusement exhumés des traditions locales; sans parler enfin des connaissances botaniques nécessaires à la classification d'une FLORE de cette province. Je sais à merveille que l'on n'invente point ces parties scientifiques d'une œuvre, qu'en cela les livres se font avec les livres; néanmoins, en songeant à la quantité d'ouvrages et de traités spéciaux de toutes sortes que l'auteur avait dû consulter, approfondir; en songeant à ses longues et patientes études afin de coordonner ces divers et nombreux matériaux, de se les assimiler, de les fondre dans un livre complet, je me disais que peu de jeunes femmes de cet âge, belles, élégantes et riches, auraient le courage, le goût ou la faculté d'occuper ainsi les loisirs de l'exil, au lieu de chercher l'oubli et la distraction de cet exil dans les enivrements du monde. Cet amour du travail sérieux et utile, joint à la fermeté de sa déclaration publique en ce qui concernait son dédain d'offres qui l'outrageaient, et sa rupture irrévocable avec la famille Bonaparte, donnèrent à mes yeux une haute valeur au caractère de madame de Solms, que je n'avais pas revue depuis sa visite à Annecy.

Peu de temps après avoir lu le livre de madame de Solms, j'allai passer quelques jours à Genève. Je voulais y renouer connaissance avec M. *James Fazy*, l'homme d'État le plus éminent de la Confédération helvétique, et qui, en tout pays, reprendrait le niveau de son incontestable supériorité. Notre liaison datait de ving-cinq ans déjà, quoique nous fussions alors en des camps opposés. Il rédigeait, peu de temps avant la révolution de juillet, un journal républicain: j'étais légitimiste et lancé dans le tourbillon du monde parisien. Mais l'aimable et fin esprit de M. Fazy, sa cordialité, l'attrait irrésistible pour moi de la *bonté* jointe à un caractère franc et résolu, me rapprochèrent de lui malgré nos divergences d'opinion. Lorsque je le revis à Genève en 1853, il avait, pendant quatre ans, gouverné son pays, dans l'acception la plus honorable, la plus large du mot, après une révolution démocratique provoquée par l'abus que faisait de ses priviléges une puissante oligarchie; lutte malheureusement sanglante, dans laquelle M. James Fazy avait vaillamment payé de sa personne. Ses amis, arrivés avec lui au pouvoir, lui déférèrent cette sorte de dictature morale que les patriotes d'un caractère assez élevé pour ne pas connaître l'envie confient toujours à celui qui leur semble devoir le plus activement, le plus utilement servir la chose publique.

Lors de mon arrivée à Genève, M. James Fazy, déchu de la présidence du conseil d'État, en suite d'une coalition électorale, se consolait de cet échec en songeant aux services rendus par lui à son pays et à ceux qu'il pouvait lui rendre encore. Je retrouvais, à ma très-grande surprise, l'ex-président de la république de Genève tel que je l'avais connu vingt-cinq ans auparavant, aussi jeune de cœur et d'esprit qu'autrefois. Il n'avait rien perdu de sa verve, de sa bonté native, et de sa gaieté cordiale, fleur charmante des consciences sereines. Ces dons heureux qui m'attiraient jadis vers lui, il les possédait encore; et cependant sa vie s'était écoulée au milieu d'ardentes luttes politiques... En butte aux attaques les plus violentes, à des haines acharnées, à des accusations odieuses, éprouvé par les déceptions, par les ingratitudes politiques, il avait vieilli dans le maniement des affaires publiques, et surtout dans cette décevante expérimentation des hommes, qui toujours dessèche, corrode les natures vulgaires, et rend ombrageuses, défiantes ou sceptiques les natures choisies, les attriste profondément et les font se replier sur elles-mêmes. Mais lui, point... cette saine et vigoureuse organisation morale se conservait toujours jeune, toujours expansive et généreuse; plus il avait vu le mal... plus il aimait à croire au bien; plus il avait été déçu... plus il aimait à se confier; plus il avait été calomnié... plus il aimait à défendre autrui des calomnies; car autant il les dédaignait en ce qui le touchait, autant elles le révoltaient lorsqu'il n'était plus question de lui.

Je me souviens que lors de notre entrevue, après quelques mots échangés sur l'*ancien temps*, sur le plaisir de nous retrouver après une si longue absence, et enfin sur la satisfaction qu'il ressentait de me voir devenu *républicain*, M. James Fazy me dit:

— Il ne fallait pas moins que votre amicale visite pour calmer ma colère; j'étais furieux, révolté!

— Contre quoi? contre qui?

— Contre des imbéciles, des envieux ou des *méchants désintéressés*, la pire espèce de toutes, qui s'en vont inventant, répétant, colportant les plus absurdes, les plus odieuses calomnies contre une noble jeune femme digne, au contraire, de l'estime des honnêtes gens et de la sympathie des gens de cœur.

Et M. James Fazy me nomma madame de Solms, ignorant que je la connaissais.

— Et ces calomnies, — lui dis-je, — quelles sont-elles?

M. James Fazy me les répéta, rougissant de l'indignation que de pareilles indignités font monter au front des honnêtes gens.

D'abord, je restai confondu. Je n'avais eu, je l'ai dit, l'honneur de voir l'exilée qu'une seule fois. Je vivais à *Annecy-le-Vieux* dans une retraite presque absolue. Le petit nombre de personnes que je connaissais ignoraient jusqu'au nom de madame de Solms. Ces indignités avaient donc pour moi toute leur abominable primeur.

— Eh bien, — me dit M. James Fazy avec un redoublement d'indignation, — qu'en pensez-vous?

— Je pense qu'une femme jeune, belle, élégante et douée d'un remarquable assemblage de talents, doit avoir beaucoup d'envieux et surtout beaucoup d'envieuses. Je connais trop le monde pour m'étonner de ce qu'une femme de vingt ans, séparée de son mari, serve de thème à ces médisances qui sont, pour ainsi dire, *la vie* de ce qu'on appelle la société. Il n'est pas une personne de quelque beauté à qui la médisance, dans son inépuisable libéralité, n'ait donné ou prêté des adorateurs; mais entre ces caquets, qui sont la consécration de la mondaine renommée d'une *élégante*, d'une femme à la mode, dans la meilleure compagnie; entre ces caquets, dis-je, et les calomnies dont vous vous révoltez, ainsi que moi, il y a un abîme d'ignominie. Or, la nature même de ces calomnies me prouve qu'elles ne proviennent point de ce qu'on appelle *le monde*; quoique peu scrupuleux généralement, il est des limites que son savoir-vivre dépasse rarement.

— Et quelle est donc, selon vous, la source de ces indignités?

— La police impériale. Des propos si abjects flairent d'une lieue les fangeux bas-fonds de la rue de Jérusalem.

— Je le crois comme vous. Ces gens-là sont capables de tout... Quoi qu'il en soit, avant ces calomnies, je ressentais pour la noble jeune femme qui en est victime autant de sympathie que d'estime... A ces sentiments se joint maintenant l'intérêt le plus vif et le plus dévoué.

. . . .

M. James Fazy a tenu parole : il a toujours compté parmi les meilleurs amis de madame de Solms ; et plus tard, revenu au pouvoir, il s'est efforcé par l'empressement de son accueil et par celui de sa famille, qui compte des femmes si distinguées à tant de titres, de prouver à l'exilée quel mépris inspirait la calomnie et quelle affectueuse considération inspirait la calomniée.

J'eus le plaisir de connaître à cette époque à Genève, dans le salon de M*me* de Solms, M. *A. Tourte,* l'un des plus jeunes et des plus éminents hommes d'État des cantons suisses, et l'illustre défenseur de Comorn, le général *Klapka,* l'un des glorieux débris de la révolution hongroise, et qui, jeune encore, est déjà vieux de gloire; ministre de la guerre et commandant d'armée, il unissait des dons bien rares: la science stratégique, l'intrépidité du capitaine et la puissance organisatrice de l'administrateur; la modestie de M. le général Klapka, après tant d'éclatants services rendus à sa cause, peut seule égaler la dignité qu'il montre dans l'exil.

—

La police impériale avait donc évidemment reçu l'ordre de diffamer par tous les moyens imaginables madame de Solms, de qui le loyal et ferme caractère bravait les peines amères du bannissement, repoussait comme un outrage les offres que l'on supposait irrésistibles, et déclarait enfin publiquement sa rupture inexorable avec les *Bonaparte*, couronnés ou non.

Cependant, il ne faut pas s'y tromper, si stupides, si ignobles, si grossièrement effrontées que fussent ces diffamations, elles n'en devenaient pas moins dangereuses. D'abord, elles semblaient irréfutables, parce qu'il est des accusations que la plus vulgaire dignité de soi commande de mépriser; puis ces infamies donnaient, si grossière qu'elle fût, une arme aux envieux, aux sots ou aux méchants, jusqu'alors désarmés; car, je le répète, il est malheureusement inévitable que l'existence d'une très-jeune et très-jolie femme, séparée de son mari, obligée, par la condition particulière que lui font sa séparation et l'exil, d'accepter le dévouement, l'appui d'amitiés sincères, ne devienne l'objet de nombreuses médisances; mais ces médisances-là, qu'elles semblent ou non justifiées, sont loin d'armer suffisamment les méchants.

Comment, en effet, espérer couvrir d'opprobre une femme sacrée par l'exil, inoffensive, naturellement bienveillante, consacrant sa vie au travail, à l'étude, à la pratique des arts, vivant dans un cercle intime très-exclusif, se montrant compatissante à toutes les infortunes, faisant un généreux usage d'une fortune considérable, et enfin, par une protestation rendue publique, témoignant de la droiture et de l'élévation de son caractère?

Certes, la médisance mondaine aurait eu beau, selon sa coutume, jaser, caqueter, de celui-ci, de celui-là, cette jeune femme n'en eût pas moins mérité, conservé l'intérêt des honnêtes gens!... Or, qu'imagine la police de *M. Bonaparte?*

Elle qualifie madame de Solms, la petite fille de Lucien Bonaparte, *d'aventurière usurpant une parenté auguste.*

. . . .

Certes, cela semble, s'il est possible, plus bête, plus ridicule encore qu'odieux et mensonger; cependant, ma main tremble d'indignation en écrivant ces lignes. Ah! c'est que, dans ma carrière déjà bien longue, je n'ai que trop expérimenté combien sont redoutables les *bétises féroces...*

J'ai dit en son lieu, dans la notice du roman d'ARTHUR, à propos du personnage de la baronne de P enafiel, à quelle incurable intensité de créance, j'ai vu souvent arriver les propos les plus stupides, les inventions les plus grossières, lorsque le mérite de leur victimes a déchaîné contre elles la haineuse envie, et qu'elles se trouvent dans une position exceptionnelle.

Aussi, je l'avoue, songeant que ces pages-ci devaient être publiées un jour, je me suis demandé s'il était de mon droit, de mon devoir d'ami sincère, de répéter, même en les stigmatisant comme elles méritent de l'être, ces turpitudes, lorsqu'il s'agissait d'une personne dont j'estime si haut le caractère et la délicatesse. Mais j'ai pensé, mais je pense encore que, si les individualités douteuses ont tout à gagner au demijour des réticences... une individualité aussi loyalement tranchée que celle de madame de Solms avait tout à gagner à l'éclatante lumière de la vérité.

Poursuivons cette étude, elle est d'un intérêt poignant et prise sur le vif.

M. Bonaparte, après avoir proscrit sa cousine, la fait donc diffamer par sa police. Et j'oubliais d'ajouter par ses journaux, dont l'un, la *Patrie*, à propos de prétendues *dettes*, s'est attiré une verte et péremptoire réplique de l'exilée, lettre publiée dans tous les journaux du temps. Là police impériale répand donc le bruit que madame de Solms est une aventurière, vivant d'expédients, etc., etc. Or, pour couper net et court à ces sales impostures, voici des faits, des chiffres non seulement garantis sur l'honneur de la personne la plus honorable que je sache, mais judiciairement constatés en pleine audience par M. Berryer, lors de son plaidoyer relatif à l'expulsion de l'exilée. Je copie textuellement.

« *Etat de la fortune de madame de Solms lors de sa
» séparation (en 1853) de M. Frédéric de Solms. La sé-
« paration de corps n'ayant pas été légitimement pronon-
« cée (par défense de l'empereur), madame de S. a dû
« mettre sous d'autres noms (de crainte de répétition de
« son mari) plusieurs immeubles achetés depuis sa sépara-
« tion.* LES HUIT CENT MILLE FRANCS *de la dot (dot il est
« vrai constituée par M. de Solms) de madame de Solms,
« reconnus par son mari, ont été convertis ainsi : 555,000
« francs en propriétés en Turraine, à savoir ; le château
« des Récollet, la terre de Pelleville, le moulin de Lon-
« nay, 250,000 francs ; en valeurs ou inscriptions sur
« le grand-livre, 80,000 francs, provenant de la vente
« de son mobilier de Paris.*

« *Madame de Solms possède de plus pour environ* NEUF
« CENT CINQUANTE MILLE FRANCS *de pierreries évaluées
« judiciairement, parce que la plupart, provenant de sub-
« stitutions de famille, sont inaliénables. Elle possède en
« outre pour environ* DEUX CENT MILLE FRANCS *de dentel-
« les provenant aussi de legs de famille.* »

Certes, voilà des faits, des chiffres judiciairement constatés ; mais ces faits, ces chiffres, qui les connaissait ?... Un très-petit nombre de personnes de l'intimité de l'exilée, n'ayant, non plus qu'elle, aucune espèce de raison (ainsi que le supposait bien la police) d'initier le public à la connaissance du chiffre et de la nature de cette fortune. Puis il y a des calomnies si odieusement absurdes, qu'il ne vient pas même à l'esprit de ceux qui en sont l'objet que l'on puisse les imaginer, ou bien, s'ils les apprennent, ils sourient de pitié. Mais les calomnies n'en font pas moins leur chemin dans le monde ; les sots, les méchants, les envieux jusqu'alors désarmés, je l'ai dit, s'en emparent et s'en servent plus ou moins bien, selon qu'il sont plus ou moins grossiers ou raffinés dans leurs attaques ; les uns, selon l'occurrence, procèdent tantôt par l'affirmation la plus absolue, tantôt par insinuations d'une double perfidie.

Ainsi, cette imposture si platement infâme, que l'exilée était une aventurière criblée de dettes... n'eût osé, par exemple, se produire à Milan ou à Florence. Là, l'*aventurière* vivait au grand jour ; chacun savait le noble emploi qu'elle faisait de ses revenus. Elle était recherchée, fêtée par une aristocratie très-exclusive, très *collet-monté*, selon l'expression consacrée, et formant la haute société du lieu. Il en eût encore été de même à Turin. Là l'*aventurière* était reçue intimement par la famille royale, qui l'accueillait avec une distinction particulière. Mais madame de Solms ne passait que quelques mois d'hiver en Italie; elle résidait de préférence à Nice, et surtout à Aix, ville sans société locale et uniquement peuplée d'étrangers se renouvelant sans cesse, séjournant peu de temps dans ces lieux de plaisir. Aussi, ce fut là surtout que la calomnie put impunément se manifester sous toutes les formes et porter ses fruits odieux. Les étrangers de passage, n'ayant ni le loisir ni le souci de s'édifier sur la réalité des bruits indignes répandus contre l'exilée, pouvaient y ajouter foi, puis les colporter dans leurs autres pérégrinations. Ce calcul d'une perfide habileté n'était que trop fondé, on le verra bientôt.

Je dois dire d'abord deux mots du goût prédominant

de madame de Solms pour les villes d'eaux, et pour Aix en particulier. Cette préférence tient à une singularité de cette nature exceptionnelle. J'ai connu peu de femmes plus laborieuses qu'elle ne l'est, et je parle de ce dont j'ai été vingt fois témoin : elle travaille régulièrement huit à dix heures par jour. La peinture, la musique, la poésie, la lecture, et une correspondance active, suivie, avec les personnes les plus éminemment classées par leur mérite en Italie, en Russie, en France ou en Allemagne, occupent tous ses instants ; elle reçoit ensuite un nombre d'amis très-restreint; puis, le soir venu, afin de se délasser de la longue tension d'esprit causée par des travaux si divers, éprouvant un impérieux besoin de sortir du silence de sa studieuse solitude, elle recherche alors, avec une sorte d'ardeur fiévreuse, le bruit, le mouvement, l'éclat des lumières, et au *casino* d'Aix elle trouve, à deux pas de sa maison, des salons splendides, inondés de clarté, résonant des harmonies de l'orchestre, le tourbillon du bal, l'animation d'une foule toujours nouvelle. Enfin, rien ne plaît davantage à l'exilée que le contraste du tumulte de ces fêtes de chaque soir, opposé au recueillement de sa retraite.

Et puis enfin, porquoi ne pas en convenir ?... cette jeune femme, malgré son caractère sérieux, réfléchi, souvent taciturne, malgré de fréquentes atteintes de nostalgie navrante, incurable maladie de l'exil...., malgré son esprit cultivé si amoureux du travail et de la solitude, malgré son aversion pour les mièvres coquetteries des *élégantes* à la mode, malgré la simplicité de ses goûts, malgré la ferme trempe de son âme déjà bien éprouvée, cette jeune femme a en elle un côté d'enfantillage étrange, presque incompréhensible; et ainsi que le lui disent ses amis, — elle aime parfois à jouer à la poupée avec elle-même. — Oui, elle éprouve une sorte de joie de pensionnaire ou de nouvelle mariée *à se faire belte*, à faire montre de ses fraîches toilettes, de ses splendides parures. Je l'ai vue souvent partir pour le bal du *casino* d'Aix, portant sur elle pour deux ou trois cent mille francs de perles et de dentelles. Cet enfantillage, bien inoffensif assurément, offrait néanmoins de graves inconvénients, si l'on envisage la composition hétérogène des sociétés des *casinos*, moitié salon, moitié tripot ; société généralement très-*mêlée* quant à la valeur morale de ceux qui les fréquentent; société essentiellement oisive et partant médisante, jacassière et tracassière, où se trouvent, dans un bruyant pêle-mêle, la femme de bonne compagnie et la lorette ou son équipollent, l'honnête homme et le brelandier, l'étranger opulent et le grec. Or, que l'on songe à l'effrayant développement que peuvent et doivent prendre dans un pareil milieu certaines diffamations !!!... Plus elles sont ignobles ou cruelles, mieux elles sont accueillies ; puis, colportées, envenimées, elles font l'unique passetemps de cette société, partie honorable, partie méprisable. L'insouciance de s'éclairer sur le vrai des choses rend les gens de bien, quelque peu gagnés, d'ailleurs, par la contagion du lieu, accessibles à des créances qu'ailleurs ils eussent repoussées avec indignation ou dégoût. Les impartiaux, et cela se conçoit de reste, laissent en leur présence diffamer, déchirer la victime sans la défendre, et les bienveillants, par instinct, disent quelquefois : « C'est dommage. »

Ainsi l'opinion se forme; ainsi elle se propage, s'enracine en devenant une sorte de tradition locale. Ceux-là qui partent la lèguent à ceux-là qui arrivent; passée dès lors à l'état de *légende*..., la diffamation est indestructible.

Mais combien plus grand devient le péril lorsque la diffamée, vivant complétement en dehors de la société des eaux, ne sort de sa retraite que pour faire chaque soir une courte apparition dans ce lieu de fête, où elle est étrangère à tous; ignorant, ainsi qu'elle les doit ignorer, les infames rumeurs dont elle est l'objet et qui, vraies, devraient l'écraser de honte, elle paraît le front haut, le regard tranquille, le sourire de la *bonne conscience* aux lèvres, et son bouquet à la main... Aussitôt les envieux de s'écrier, et souvent les gens abusés de répéter:

— Quelle effronterie!... quelle audace!...

Oui, il en est ainsi!... Les misérables!... ils savent exploiter contre celle qu'ils diffament jusqu'à son ignorance de leur ignobles impostures! jusqu'à la sérénité de son âme irréprochable!

Ce n'est pas tout: combien le péril, déjà si grave, empire encore lorsque la diffamée, assez audacieuse pour ne pas même soupçonner la diffamation, est d'une beauté rare, d'une élégance exquise et éblouit les yeux par la splendeur de sa parure. Que l'on réfléchisse à l'exaspération de l'envie, de la haine, de la rage des femmes vulgaires (de cette envie, de cette haine, de cette rage, nous citerons tout à l'heure un fait inoui, qui semblerait incroyable s'il n'avait été malheureusement public), alors la calomnie change ses batteries. Comment l'*aventurière*, criblée de dettes possède-t-elle ces magnifiques pierreries?... — Vous comprenez?... — Oui, vous comprenez de quelle honnête et charitable façon s'interprète la possession si légitime de ces diamants, de ces perles, de ces dentelles, légués ou substitués par héritage... Et puis — ce châlet d'où vient de sortir l'*aventurière*, ce châlet dont on raconte des merveilles, vous savez? — Non... — et — l'on se dit, tout haut ou tout bas... une autre indignité... Or, la diffamée, se trouvant toujours sous le régime conjugal, puisque sa séparation n'était pas judiciairement prononcée, avait dû acquérir ce châlet sous le nom d'un ami, ainsi que d'autres propriétés, afin qu'elles ne pussent être un jour exposées aux revendications des créanciers de son mari... Comprenez-vous encore de quelle façon honnête et charitable s'interprète un acte fort simple et qui se reproduit journellement?

Nous l'avons dit, cette étude poignante, prise sur le vif, nous serre le cœur; cependant nous la poursuivrons avec un double intérêt, au point de vue de la réparation et de l'enseignement; car, hélas! la calomnie est de tous les temps, de tous les instants. Puissent les gens honnêtes reconnaître une fois de plus avec quelle réserve, sous peine de cruelle iniquité, certains bruits doivent être accueillis...

Et maintenant voici le fait dont je parlais tout à l'heure:

J'ai, dans ma jeunesse, vu beaucoup le monde, et dans ses sphères les plus diverses. Je croyais connaître à peu près la mesure, la limite de la haine et de la rage que l'envie peut provoquer chez les âmes viles et méchantes; je me trompais: l'indignité dont il s'agit dépasse tout ce que j'aurais pu même imaginer.

Qu'on en juge :

Un soir, au casino d'Aix, il y avait grand bal. — Madame de Solms arrive accompagnée de deux de ses amies, madame de L.*** et madame la comtesse M.***, sa fille, femme d'un esprit remarquable et d'un charme extrême: son mari occupait alors une haute position administrative en Savoie. Ces dames s'assayent. Au bout de peu de temps, madame de Solms, invitée pour une contredanse, quitte sa place. La comtesse M.*** et sa mère se lèvent à leur tour afin de parcourir la salle de bal; leur place, voisine de celle de l'exilée, est aussitôt précipitamment envahie par deux femmes jeunes, assez jolies et appartenant à la finance décembriste. L'une d'elles dit tout bas à l'autre:

— Avez-vous vos ciseaux, ma chère?

— Je les ai.

— Prenez garde!... soyez prudente, et surtout adroite.

— Oui, oui, et, d'ailleurs, elle a la vue très-basse.

— La contredanse est finie. Attention, la voilà... Serrez-vous bien près d'elle, et cachez vos ciseaux.

— Je les ai dans mon mouchoir.

Madame de Solms, qui portait ce jour-là une magnifique robe de point d'Alençon, et ayant en effet la vue très-basse, ne remarque pas la rougeur, l'embarras que trahissait involontairement la physionomie de sa voisine, et ne s'aperçoit point que cette créature, à l'aide de ses ciseaux, coupe, taillade et met en morceaux tout ce qu'elle peut atteindre de la robe de l'exilée. Celle-ci, invitée pour une nouvelle contredanse, se lève et se dirige vers le centre du salon. Les deux financières décembristes se perdent dans la foule au moment où le cavalier de madame de Solms s'écriait avec indignation :

— Ah! madame... quelle infamie!... l'on vient de hacher en morceaux tout un côté de votre robe!

C'est vrai, — répond madame de Solms regardant avec stupeur les lambeaux de ses dentelles jonchant le parquet; puis une larme roulant dans ses yeux : — D'où vient donc tant de haine? Quel mal ai-je fait?... — Et, souriant tristement, elle ajoute, étouffant un soupir que lui arrache, non la perte de sa parure, mais l'indignité du fait : — Allons ! c'est une belle robe de moins... et une vilaine action de plus... J'aurais de grand cœur donné l'une pour épargner l'autre.

Et elle regagne tristement sa maison avec madame la comtesse M.*** et sa mère.

Les méchants et les envieux, les diffamateurs les plus acharnés furent obligés de s'unir, du moins en apparence, aux honnêtes gens pour blâmer cette lâche infamie véritablement inouïe; ses auteurs, les financières décembristes, les femmes *Abeille* et *Husson* (leurs noms ont été publiés, il y a deux ans, dans l'une des biographies de l'exilée), triomphantes, exubérantes de leur prouesse, s'en glorifiaient, s'en congratulaient, en chaffriolaient, en faisaient, comme on dit — des gorges chaudes — avec des espèces de leur accointance.

Le frère de madame de Solms, et l'un des meilleurs amis de celle-ci, M. de Pomereu, homme fort impétueux et, de plus, fort résolu, instruit de l'impudente forfanterie des financières décembristes, piquent droit aux financiers *Husson* et *Abeille*, leur serrent le bouton et leur signifient durement qu'ils aient à répondre sur l'heure de la grossière insolence de leurs femmes et à donner satisfaction immédiate et par les armes ; faute de quoi... ils s'exposeraient à d'excessifs désagréments...

Les financiers, jusque-là jubilant de la prouesse de leurs moitiés, la trouvèrent moins bouffonne, et répondirent, l'oreille basse, que ce n'était point du tout de leur faute à eux, si leurs financières se comportaient comme des drôlesses; ce dont, au surplus, ils se lavaient parfaitement les mains.

A cette poétique image, M. de Pomereu de répliquer :

« — Qu'il se plaisait à reconnaître à tout le monde en
« général, et aux agioteurs décembristes en particulier,
« le droit..., lorsqu'ils avaient les mains sales, de se les
« laver, si possible... ; mais qu'il ne s'ensuivait nullement
« que cette ablution pût empêcher des hommes d'honneur
« de donner la satisfaction qu'ils doivent; sans quoi... »

Ce — sans quoi... — était accentué d'une façon passablement inquiétante, aussi les deux financiers décembristes d'exclamer à l'unisson que *l'on se verrait le lendemain...*

Or, il va de soi que l'on ne se vit point du tout. Le lendemain matin, et bien avant l'aube, financiers et financières avaient déguerpi d'Aix et pris en hâte la route de Paris.

Contraste étrange... hasard singulier, vengeance touchante et, si cela se peut dire, providentielle d'une illustre amitié!... Le lendemain même de cette soirée où madame de Solms avait été l'objet des lâches et grossières insolences des boursicotières décembristes.... elle reçoit une lettre charmante de l'un des plus beaux génies dont s'honore notre siècle, et dont s'enorgueillira toujours la démocratie. Aussi grand écrivain que grand citoyen, il a donné au monde, ému d'étonnement et d'admiration, un exemple unique dans l'histoire... Oui, cet immortel génie, ce républicain égalitaire jusque par delà le tombeau, a voulu que sa poussière fût à jamais confondue avec celle de ces prolétaires inconnus dont il était l'ami, l'apôtre et le messie!

J'ai nommé M. de LAMENNAIS... Il ressentait depuis longtemps pour madame de Solms cette tendre et paternelle affection qu'inspire aux nobles âmes la jeunesse ornée de tous les dons, et frappée par le malheur.

Qu'il me soit permis d'extraire de la volumineuse correspondance de l'exilée avec M. de Lamennais quelques lettres dont une, entre autres, est singulièrement belle et touchante. L'intérêt le plus sérieux, le plus austère s'y revêt cependant d'une grâce et d'une délicatesse inimitables.

Ces quatre lettres, dont la dernière a été écrite peu de temps avant le décès de M. de Lamennais, retracent les différentes phases de son amitié pour l'exilée. Ainsi, dans cette première lettre, il ne connaît encore cette jeune femme, si heureusement douée, que par le renom de ses aptitudes diverses.

Paris, 9 *octobre* 1850.

Chère madame,

« Pouvez-vous me recevoir à 2 heures aujourd'hui mercredi? Voudrez-vous me sacrifier une demi-heure et me dicter vos beaux vers, que je serais si heureux de posséder? Je n'ose vous les demander autographes. M'accorderez-vous de vous entendre chanter une fois? de vous voir un moment à votre chevalet, palette et pinceaux en main? et d'assister à une pièce où vous remplirez le principal rôle?

« Je voudrais connaître tous vos talents avant que votre départ ou le mien... nous séparent peut-être pour jamais.

« C'est bien ambitieux n'est-ce pas? Cherchez-en la cause, belle et chère enfant, dans la sympathie que vous m'inspirez.

« F. Lamennais. »

Puis, admis dans l'intimité de madame de Solms, habitant alors Paris, où elle tenait un état de maison conforme à sa fortune, M. de Lamennais, génie à la fois si profond et si pénétrant, a sondé l'abîme de chagrins domestiques que cachait l'existence si brillante de cette jeune femme environnée d'hommages.

Paris, 7 *janvier* 1851.

« Vous devez être asphyxiée d'encens, ma chère en-
« fant; vous êtes si belle, si bonne, si jeune, si candide,
« que, de même qu'une divinité, l'on vous adorera, l'on
« vous rendra un culte.

« Si vous n'aviez pas de mère, je vous demanderais:
« *Qui vous aimera?* Qui, au lieu d'un rôle de courtoisie,
« remplira auprès de vous celui si téméraire de la ten-

« dre sincérité? Qui vous donnera des conseils (je parle
« des bons)?

« Ah! ne croyez pas que les dons qui brillent en vous,
« que les enivrements dont vous vous saturez, vous
« dispensent d'avoir besoin de ces conseils; au contraire.

« Jésus-Dieu eut lui-même une mère pour guider sa
« jeunesse humaine. Votre mère à vous est au loin; ac-
« ceptez en moi un humble intérimaire; parlons politique,
« morale, religion, vertu, quand nous passons une heure
« ensemble.

« J'ai vu votre bel œil *rêveur*, votre intérieur *soli-*
« *taire*, votre vie *factice*, votre âme *vide*...

« Oui, de vieux yeux qui ne voient *plus les surfaces*
« *sondent les abîmes.*

« Après ce jet spontané, partant cordial de ma pensée,
« vous allez m'évincer, si vous êtes une femme frivole,
« une *aristocratique princesse*, et non ma semblable,
« humainement parlant... ma coreligionnaire en politique.

« Qu'il en soit ce que vous voudrez.

« *Je n'aime rien sans but*... N'ayant pas celui de
« chercher des distractions, je n'en suis pas susceptible.
« Des occupations, j'en ai de trop... Je ne puis que vou-
« loir être *utile*.

« Oui, *utile*... C'est orgueilleux, surtout vous parlant...
« à vous, mon enfant, qui jouissez en *apparence* de tous
« les bonheurs de ce monde. Que voulez-vous!... quand
« on se sent la richesse d'une bonne âme et du désinté-
« ressement, l'on est tenté de devenir généreux...

« Voulez-vous de moi, en un mot, pour *ami vrai*?
« Ou bien voulez-vous que notre liaison éphémère n'ait
« été qu'une variante de vos amusements?

« Prononcez par un mot.

« F. LAMENNAIS. »

Nous croirions faire injure à la sagacité ou au cœur de nos lecteurs en essayant d'analyser cette admirable lettre et de faire ressortir tout ce qu'il y a d'élevé, de grave, de tendrement paternel dans le langage de ce grand homme, si cruellement éprouvé dans la vie jusqu'en sa dernière vieillesse, et s'offrant pour guide à cette jeune femme de dix-huit ans dont il a deviné les secrets et amers chagrins.

Depuis cette époque, s'établit entre M. de Lamennais et madame de Solms, qui témoignait pour lui d'un culte filial, une amitié dont elle s'honore à juste titre et que l'absence n'altéra jamais, grâce à une fréquente correspondance. Madame de Solms, en suite de son exil, se trouvant à *Nice*, reçut, entre autres, une lettre dont nous extrayons le passage touchant :

. . . .

« Vous souvenir de moi au milieu des fêtes que vous
« acceptez et de celles que vous donnez ! cela me cau-
« serait de l'orgueil, si ma gratitude n'absorbait mon
« appréciation de ce doux témoignage. Acceptez de mon
« amitié ce qu'elle a de profond...

« Je ne m'accuse pas du silence que vous me repro-
« chez trop obligeamment. Je l'aurais gardé comme un
« hommage à cet esprit sérieux qui commence à éclater
« en vous, mon enfant. Que vous écrire en effet qui soit
« digne d'occuper un de vos moments ? Les travaux d'art
« et de littérature qui se les disputent, me constitue-
« raient en délit de vol... Vous répondre est tout ce que
« j'ose.

. . . .

« F. LAMENNAIS. »

Enfin, ainsi que nous l'avons dit, le hasard voulut que,

le lendemain du jour où elle avait été l'objet d'une méprisable méchanceté, l'exilée reçût de M. de Lamennais une lettre qui se terminait ainsi :

« ... J'aurais pu, il y a quelques mois, me faire trans-
« porter aux eaux d'Aix en Savoie ... mais d'abord il
« n'aurait pas fallu pour moi que ces eaux fussent sul-
« fureuses. Ensuite, chère enfant, j'ai *peur* de vous y
« voir... Ne doit-on pas, lorsque l'on est malade, avoir
« peur d'un trop radieux soleil? craindre les fleurs aux
« parfums trop pénétrants?... Le repos, le régime et le
« sommeil, voilà notre triste trilogie à nous autres pau-
« vres invalides...

« Plaignez-moi, et à cause de cela, faute de mieux,
« chère enfant... aimez-moi.

« F. LAMENNAIS. »

Nous l'avons dit, et nous le répétons, l'amitié a souvent des hasard providentiels... Madame de Solms était vengée d'une infamie par la dernière lettre qu'elle a reçue de l'immortel écrivain, avant sa mort. Puisse le souvenir de ce grand nom la protéger désormais contre des diffamations nouvelles! Il m'écrivit, à moi-même, et à son sujet, des lettres touchantes que je publierai un jour.

IV.

Vers le commencement d'avril 1854, je continuai d'écrire LE FILS DE FAMILLE (œuvre momentanément interrompue). Je me trouvais alors à Aix avec mon ami et compagnon d'exil M. DE KERSAUSIE. Nous prenions les eaux thermales, devançant ainsi de beaucoup la *saison*, afin d'échapper à l'envahissement et au bruyant tumulte des baigneurs.

Je m'estime heureux de cette occasion de témoigner, non pas seulement de mon vif attachement pour M. de

Kersausie, mais de *l'admiration* (j'appuie sur le mot) que m'a toujours inspirée son dévouement à la cause républicaine, dont il est un des plus vieux et des plus intrépides soldats.

Certes, à l'honneur de notre cause, s'il a été souvent égalé, il n'a jamais été dépassé, ce dévouement, à la fois si valeureux, si modeste et si plein de sacrifices de toute nature accomplis sans hésitations, sans regrets, avec une sorte de grandeur ingénue par M. de Kersausie; appartenant à l'une des plus anciennes familles de Bretagne et de France, branche cadette de *la Tour d'Auvergne*, riche d'un patrimoine considérable, capitaine de hussards avant 1830, son brillant courage, ses rares aptitudes militaires, sa fortune, son nom même, lui ouvraient une carrière éclatante... Eh bien, fortune, grade, liens de caste et de parenté, si particulièrement chers aux Bretons, M. de Kersausie a tout sacrifié à sa foi politique.

Nouvelle preuve, à mon sens, que ceux-là qu'on appelle les *aristocrates* comptent toujours, lorsqu'ils s'élèvent jusqu'à la *démocratie*, parmi les démocrates les plus convaincus, les plus ardents, le plus dévoués! Dédaignant ce que tant d'autres envient, épurés par le sacrifice, grandis par leur lutte, souvent douloureuse, contre des sentiments, des croyances, des goûts pour ainsi dire innés en eux sous l'influence de la tradition du foyer domestique, ils ont laborieusement, péniblement conquis *la vérité*..... Ne sont-ils pas aussi méritants que ceux qui ont eu le bonheur de l'avoir toujours possédée, grâce aux circonstances ou aux exemples dus à l'éducation?

A cette heure, selon la logique des probabilités, s'il était resté au service et en dehors de la politique active, M. *le comte de Kersausie* serait sans doute général de division, ou assurément général de brigade, ou bien, s'il eût renoncé à la carrière militaire, il vivrait somptueusement dans ses terres de Bretagne, habitant le château paternel, écoulant ses jours paisibles au milieu d'une nombreuse famille cordialement unie, et auprès d'une sœur chérie pour laquelle il professe une espèce de culte.

Or, quelle a été, depuis vingt-cinq ans, l'existence du *gentilhomme démocrate*?.... Après avoir dépensé sa fortune au service de sa cause (notamment plus de deux cent cinquante mille francs affectés à la publication de divers journaux républicains et socialistes); après avoir refusé, en 1830, le grade de chef d'escadron et la place d'aide de camp de Louis-Philippe, il a bientôt après donné sa démission. Dès lors, il a vécu dans l'ombre des sociétés secrètes, partagé les angoisses, les périls des conspirateurs à main armée, exposé sa tête, connu les rigueurs morales et matérielles des prisons, et il est aujourd'hui proscrit, errant, pauvre, frappé de mort civile par l'exécrable condamnation décembriste; de sorte qu'il ne peut même faire régulariser la possession de l'unique et dernier débris de sa ruine.... une modique pension suffisant à peine à lui procurer le nécessaire.... suprême ressource qui pourrait, certains cas échéants, lui manquer faute des formalités voulues par la loi!

Certes, en février 1848, personne, soit par les services rendus, soit par sa valeur morale et par ses connaissances spéciales, n'était plus digne que M. de Kersausie du mandat de représentant du peuple. Ce mandat, il n'a pas plus songé à le solliciter que l'on n'a songé à le lui offrir.... et ce fut une grande ingratitude! Son ambition s'est bornée à mettre au service de la République son épée, son expérience militaire, sa bravoure proverbiale, si, comme il le conseillait avec tant de sens, le gouvernement provisoire voulait organiser des forces révolutionnaires afin d'entreprendre une guerre de propagande.

Qu'ajouterai-je?.... pendant six mois, soit à Annecy,

soit à Aix, j'ai vécu dans la plus étroite intimité avec M. de Kersausie, et je n'ai pas surpris chez lui...., je ne dirai pas un regret de tant de sacrifices consommés avec un si noble dévouement, une plainte de tant d'infortunes, mais je n'ai pas même remarqué en lui la conscience d'avoir tant sacrifié... Non!.... et lorsque je lui témoignais l'*admiration*, je le répète, que me causait son dévouement, il me répondait simplement, candidement:

« — Qu'ai-je donc fait de si merveilleux ?... Quand on
« passe à un camp..., on y passe avec armes et bagages.
« J'ai perdu mes bagages dans la campagne... il me reste
« ma foi républicaine et mon épée... *foi de Dieu!* » — ajoutait-il en prononçant avec son léger accent breton ce serment de la vieille Armorique! Sa vaillante épée, M. de Kersausie l'a, depuis son exil, mise au service de la révolution espagnole, et il s'est battu avec une telle témérité, lors des premières insurrections de Catalogne, qu'il est presque incompréhensible qu'il n'ait pas été tué dans la lutte ou fusillé après la défaite.

Heureux et singulier contraste!... ce soldat intrépide joint à la courtoisie, à l'urbanité de la meilleure compagnie, un commerce d'une égalité, d'une douceur, d'une amabilité parfaite et une exquise bonté de cœur.... Que l'on en juge par un mot.

Il s'agissait d'un opuscule politique publié par un écrivain auquel jadis M. de Kersausie avait rendu de grands services et qu'il affectionnait tendrement.... Cet écrivain, A. Dumas, dans son opuscule, nommait *son meilleur ami*... et ce nom n'était pas celui de M. de Kersausie..... Je vis son œil noir et vif devenir légèrement humide, et il me dit d'une voix pénétrée:

« — Vrai.... j'aurais cru que son meilleur ami... c'était moi. »

Telles furent les seules paroles de récrimination qui

échappèrent à M. de Kersausie.... et lorsqu'il les prononça, je fus ému de la touchante expression des traits de cet *homme dur de l'Armorique* (selon l'adage breton), d'une trempe si énergique, qu'elle a résisté à tous les chagrins, à toutes les misères de l'exil... car, bien qu'âgé de cinquante-cinq ou six ans, je crois, M. de Kersausie a conservé une telle vigueur, une telle agilité, que souvent, à Annecy, durant deux ou trois heures, il faisait successivement des armes presque sans désemparer avec quelques-uns de nos amis et moi. Il nous battait complétement, cela va de soi ; car il est, surtout par la légèreté de la main, par la foudroyante rapidité de l'attaque, l'un des hommes d'escrime les plus remarquables, sans parler même de l'originalité de son JEU *sui generis* et pour ainsi dire inventé par lui. Autre particularité. Cet homme d'action par essence a, entre autres dons, celui de l'invention à un très-haut degré. Ainsi, dessinant à ravir, il a imaginé un procédé pour fixer le coloris des pastels. Cette poussière, aussi impalpable que celle de l'aile du papillon, peut ainsi garder sa fleur et une fraîcheur inaltérable sous une couche d'une espèce de glacis très-transparent, mais sans aucun miroitement, et qui ne dénature en rien ce qu'il y a de mat, de velouté dans les tons du pastel.

Une invention d'une bien plus haute importance et que M. de Kersausie s'étudie incessamment à perfectionner, c'est une stratégie particulière destinée à mettre des recrues ou des masses insurgées en état de tenir la campagne devant une armée régulière. Des stratégistes plus compétents que moi ont reconnu la grande valeur pratique de ces nouvelles manœuvres militaires.

Cher Kersausie ! combien de fois je l'ai surpris, dans sa modeste petite chambre de pauvre proscrit, assis pensif devant sa table, son front appuyé sur l'une de ses mains, tandis que de l'autre il faisait attentivement évoluer de petits carrés d'ivoire à peu près semblables à des dominos et qui, dans ses études stratégiques, représentaient des compagnies d'insurgés qu'il formait en *carrés*, en *échelons*, en *tiroirs*, afin d'expérimenter sa théorie.

« — Ah! ah! mon ami, vous me trouvez encore faisant « tout seul ma petite partie de dominos, » — me disait-il avec son affable et doux sourire; puis redevenant sérieux: « — Espérons, espérons!.... il viendra le jour où « nous pourrons la jouer... cette grande... cette sainte « partie dont nos têtes seront l'enjeu! et le gain.... LA « RÉPUBLIQUE!! »

Et sa mâle figure, encadrée d'une longue barbe encore noire, le feu de son regard, révélaient à la fois l'invincible espoir né de fortes convictions, et l'impatiente audace de l'homme de guerre aspirant au combat!

. . . .

Excellent ami!! cher et brave Kersausie!! peut-être ces pages tomberont-elles sous vos yeux... Elles blesseront, je le sais, votre modestie... mais, je le sais aussi, elles satisferont, si incomplètes qu'elles soient, tous ceux qui vous connaissent, c'est-à-dire tous ceux qui vous aiment comme vous les aimez... en frères!!!

Ce tribut payé à une vive et sincère affection, je reviens à la notice de mon roman *le Fils de famille*, œuvre dont madame de Solms m'a fait l'honneur d'accepter la dédicace ainsi conçue: — *Le proscrit à la proscrite.* — *Maintenant et toujours.*

Cette dédicace, inscrite en tête de cet ouvrage, lors de son impression en volumes, n'a pas été, selon que je le désirais, publiée dans le *Siècle*, où ce livre a paru en feuilletons. La direction du *Siècle*, sous le coup de menaces incessantes, surtout à l'endroit de ce que j'écrivais (j'ai donné un curieux spécimen de cette ignoble pression et oppression policières dans la note relative au *Diable médecin*, œuvre saisie, puis suspendue, puis défendue), la direction du *Siècle*, dis-je, a craint de compromettre gravement, m'a-t-on affirmé, l'existence de ce journal en y insérant l'hommage du *proscrit à la proscrite*. Mesure moins étonnante qu'on ne pourrait la croire, puisque Ponsard lui même qui n'est pas exilé s'est vu dans l'obligation, grace à l'étrange épouvante de Michel Léry qui se voyait perdu et ruiné si on l'y maintenait de retirer le nom de madame de Solms de la Bourse; après de longues hésitations, M. Ponsard eut la douleur de devoir céder à la nécessité, et le nom de celle qui avait été *l'héroïne et l'inspiratrice*, suivant l'expression du poëte de cette pièce, une des meilleures de Ponsard, ne brilla pas en tête de la dédicace, qui fut dès lors, par la suite l'objet de mille calomnies. Ponsard souffrit comme moi pour *le Fils de famille* de laisser impayée la dette de cœur contractée envers CAMILLE à laquelle il devait son œuvre, pour ma part, en ce qui me concerne j'ai doublement regretté cette omission forcée ; j'eusse été à la fois heureux de donner publiquement à madame de Solms une bien faible preuve de respectueuse amitié et d'acquitter ainsi ma dette *personnelle* de gratitude au sujet du roman du *Fils de famille*. — Je dirai tout à l'heure la nature de cette dette.

—

Lorsqu'au mois d'avril j'arrivai à Aix afin d'y prendre les eaux et d'y continuer d'écrire *le Fils de famille*, madame de Solms se trouvait dans cette ville et surveillait l'achèvement de l'élégante habitation qu'elle s'est fait construire dans le voisinage du *casino*. Je vis alors presque chaque jour l'exilée à l'heure où, ayant accompli la tâche de travail qu'elle s'impose journellement, elle recevait quelques personnes. La fréquence de ces relations, la confiance qu'elle a bien voulu me témoigner, m'ont mis à même d'apprécier cette loyauté, cette délicatesse de caractère à laquelle j'ai déjà rendu hommage. L'indigne action commise sur elle à ce bal du casino lui avait à demi ouvert les yeux sur les calomnies dont elle était depuis si longtemps victime à son insu. Je crus devoir chercher à l'éclairer, la sachant alors d'une âme assez forte pour ne lui point ménager les réalités, si odieuses qu'elles fussent... sa droiture et la fermeté de son esprit me donnant à penser qu'elle était femme à prendre des résolutions capables d'imposer aux diffamations. Son premier mouvement, en les apprenant, fut celui d'une indignation véhémente... puis lui succéda un accablement douloureux... puis enfin, après réflexion, elle ne ressentit plus qu'un profond dédain résumé par ces mots :

— *Après tout... peu m'importe ce que l'on dit, puisque* CELA N'EST PAS VRAI.

Profondément sincère et, pour ainsi dire, innée, cette inébranlable insouciance du *qu'en dira-t-on*, lorsque ses actes ou ses sentiments ne méritent aucun blâme, quelles que soient leurs apparences, est l'un des côtés saillants du caractère de l'exilée. Il ne s'ensuit pas qu'elle ne ressente parfois très-cruellement la réaction de ce *qu'en dira-t-on*, si absurde qu'il soit... mais, ce chagrin passé, aucune considération humaine ne lui fera subordonner ce qu'elle croit, ce qu'elle sait irréprochable à l'inconvénient ou au danger des interprétations malveillantes.

Cette fière et légitime *suffisance* du for intérieur ne manque pas de grandeur : elle a aussi ses périls non moins grands pour une femme surtout ; mais il est des droitures intraitables, rebelles à tous les raisonnements... armées qu'elles sont de la conscience d'elles-mêmes. —

De ce nombre est madame de Solms. — Son inflexibilité, à ce sujet, devrait réjouir l'égoïsme de ses amis s'ils étaient égoïstes... car ils trouvent dans ses relations, grâce à cette inflexibilité, une franchise, une solidité extrêmes. L'on peut sortir de son salon sans cette appréhension qu'il va se jouer à votre sujet cette admirable et éternelle comédie des *Médisants chez Elvire*. — Or, pour qui a longtemps pratiqué le monde, c'est chose rare et douce d'être assuré que, la porte refermée derrière soi, l'on ne sera point quelque peu mis en morceaux par ceux-là qui naguère vous enguirlandaient si doucereusement... Non-seulement l'exilée ne souffre jamais qu'en sa présence, l'on médise de ses amis absents, mais elle a grande peine à tolérer *qu'on les discute* (selon le terme consacré). Je l'ai entendue soutenir avec beaucoup d'esprit, de verve, et une audace de partialité vraiment charmante, car elle n'était que de la sympathie à outrance... des discussions sur des personnes avec lesquelles elle était et avait été en relations suivies, entre autres, MM. *de Balzac, Ponsard, Béranger, L. Blanc, Gioberti, Alphonse Karr, Gérard de Nerval*, et *Lamennais* surtout, pour qui elle a toujours professé une sorte de culte filial, s'enorgueillissant avec raison de l'affection touchante dont cet homme illustre parmi les plus illustres lui a donné tant de preuves. Elle porte d'ailleurs un intérêt si vif, si constant, si intelligent aux travaux des ses amis; elle les encourage avec une telle persévérance, qu'elle finit par ressentir de leurs succès une joie presque *personnelle*, si cela se peut dire... en un mot, elle triomphe en eux par une sorte d'orgueil fraternel, l'on peut bien dire que tout homme qui a travaillé avec elle et n'en a pas profité c'est qu'il l'a bien voulu.

En ajoutant aux noms que j'ai cités plus haut ceux de *Delaroche de Pradier* et de *David (d'Angers)*, l'on peut juger de la tendance naturelle de l'esprit de madame de

Solms vers les illustrations ou les supériorités éminentes de la politique, des lettres et des arts... Généreuse tendance, l'un des signes les plus infaillibles de l'élévation de l'âme.

Enfin, durant ce séjour à Aix, j'eus, pour la première fois, le plaisir de voir M. *F. Ponsard*, dont je parlais tout-à-l'heure. Après avoir dignement résigné ses fonctions de bibliothécaire du sénat, il venait de refuser non moins dignement une pension sur la cassette dite *impériale:* il était dans tout le lustre de l'éclatant succès de *l'Honneur et l'Argent*, énergique et puissante protestation contre la vileté des appétits matériels excités, irrités, déchaînés en nos malheureux temps par le régime décembriste, avec une astuce infernale. L'immense et légitime succès de cette œuvre dramatique fut aussi celui des *honnêtes gens*, l'honnêteté étant naturellement devenue, de nos jours, un moyen d'opposition infiniment blessante pour le pouvoir. M. Ponsard, fidèle aux nobles principes de son héros, qui sont les siens, avait refusé *l'argent* et gardé *l'honneur*. Aussi lui serrai-je la main avec une cordiale estime, à son retour des *Charmettes* où il venait d'accompagner madame de Solms, sa *donna*, comme disent les Italiens et quelques personnes de sa société. Il avait, durant cette excursion, improvisé les vers suivants, il nous les dit le soir même. Ils n'ont eu qu'une publicité très-restreinte; les citer, c'est les juger :

LES CHARMETTES

A MADAME DE SOLMS.

C'était un jour brumeux et gris;
Le brouillard, montant des vallées,
Pesait sur les monts assombris
Dont les cimes étaient voilées.

La fauvette et le gai pinson
Ne chantaient plus dans les futaies;
On n'entendait que la chanson
Du rouge-gorge dans les haies.

L'églantier, parmi les sureaux,
Dont la bise effeuillait les branches,
Changeait en colliers de coraux
Sa guirlande de roses blanches.

Mais au plus beau ciel des étés
Je préférais ce ciel sans flamme;
Car je marchais à vos côtés,
Et la joie était dans mon âme.

Tous deux, ô souvenir divin!
Nous suivions une route étroite
Que côtoie à gauche un ravin
Et que borde un buisson à droite.

C'est au bord du même sentier
Que Rousseau, gravissant la côte,
Vit poindre, au pied de l'églantier,
La pervenche dans l'herbe haute.

Et cette maison dans les champs,
D'où l'on voit le glacier splendide
Qui rougit aux soleils couchants,
Ainsi qu'une vierge candide;

Ce salon dont vos petits pieds
Foulaient la dalle humide et nue;
Cette terrasse où vous grimpiez
Au bout d'une verte avenue;

C'est la terrasse et la maison
Où le philosophe morose
Vécut une douce saison,
Au souffle de l'amour éclose.

Le souvenir de ces beaux jours
Charmait ses heures les plus sombres,
Et dans son cœur vivait toujours,
Comme une fleur dans les décombres.

Aimer, être aimé: tout est là;
C'est la loi; c'est pourquoi nous sommes;
Celui que l'amour consola
Brave les choses et les hommes.

S'il est blessé par quelques traits:
« Qu'importe! dit-il en lui-même;
Le ciel est bleu, l'ombrage est frais,
La nature est belle, et l'on m'aime! »

Comme les coteaux éloignés
Changent d'aspect et de figure,
Dans l'azur éclatant baignés,
Ou plongés dans la brume obscure,

Ainsi, par l'amour transformé,
Tout nous paraît meilleur ou pire;
Sans lui, tout semble inanimé;
Avec lui, tout semble sourire.

— Mais celui que l'on n'aime pas
Contre le sort est sans défense;
Voyageur sans but, ici-bas,
Chaque objet le blesse et l'offense;

La haine et les ressentiments
Etouffent ses penchants plus tendres ;
Comme un feu privé d'aliments,
Son cœur ne chauffe que des cendres.

O Rousseau! tu grondes à tort
Contre l'humanité traîtresse ;
Plains-toi plutôt, plains-toi du sort
Qui te refuse une maîtresse.

Pleure madame de Warens,
Ta première et ta seule amie,
Et brise les tristes burins
Qui gravèrent son infamie.

Auprès d'elle tu fus heureux :
Donc, tu fus meilleur auprès d'elle ;
C'eût été d'un cœur généreux
De l'honorer, même infidèle.

Plus tard, un juste châtiment
Vengea cette action mauvaise,
Et Jean Jacques, l'ingrat amant,
Tomba dans les bras de Thérèse.

Quelle amertume dans ton sein,
Lorsqu'en tes rêves fantastiques
Passait un élégant essaim
De jeunes femmes poétiques!

Puis ces fantômes enchantés
S'envolaient, vision légère :
Banni du ciel, à tes côtés
Tu retrouvais ta ménagère !

Je comprends, ô pauvre songeur !
Oui, je comprends ta fièvre ardente :
Le génie est un feu rongeur,
S'il n'a pas une confidente.

Quant à la gloire, on n'est pas fier
D'un nom qu'on garde pour soi-même ;
C'est un joyau que l'on n'acquiert
Que pour en parer ce qu'on aime.

Ah ! si dans cette nuit, d'été,
A l'heure des langueurs secrètes,
Quand la lune aux molles clartés
Glissait sous les feuilles discrètes ;

Ah ! si madame d'Houdetot
A tes vœux eût été facile :
Si tes larmes... ou, si plutôt,
Celle qui vient dans ton asile ;

Si celle à qui le ciel bénin
Donna, dans un jour de largesse,
Un esprit mâle et féminin,
Et la beauté d'une déesse ;

Si la blanche fille d'Erin,
Si la fée aux cheveux d'ébène,
Aux yeux bleus comme un flot marin,
Eût vécu, ta contemporaine,

Et si son cœur s'était ému
De ta solitude sauvage,
O Rousseau ! tu n'aurais pas bu
La mort dans ton dernier breuvage.

François Ponsard.

Avant de dire deux mots du *Fils de famille* et de témoigner à ce sujet toute ma gratitude envers madame de Solms, je ne puis résister au désir d'insérer ici une singulière *légende* (quoique j'en sois le héros). Je la cite, non parce que l'exilée, qui, la première, m'en a donné connaissance, en a brodé le fond avec esprit et malice; je la cite, parce que l'invention de cette légende, due au génie clérical, est l'une des preuves les plus curieuses de l'incroyable esprit de ressources du parti prêtre lorsqu'il veut atteindre ceux qu'il poursuit de son inexorable haine. J'ajoute et *j'affirme* qu'à cette heure, cette légende, plus ou moins variée ou enjolivée, circule en Savoie. Je dirai plus loin le but de cette imagination.

Donc, j'allais un jour rendre visite à madame de Solms; et, tout d'abord, en m'apercevant:

— Asseyez-vous là, mon cher proscrit, et écoutez une belle légende.

— Comme il vous plaira, madame.

— C'est à vous que cela doit plaire..., puisque vous êtes le héros de l'histoire.

— Moi !... le héros de cette légende?

— Sans doute. Ma femme de chambre, qui, en sa qualité de Piémontaise, est passablement superstitieuse, est accourue ce matin me conter cette légende. Elle la tient d'une couturière d'Aix qui la tient de sa cousine laquelle cousine la tient de sa sœur, laquelle sœur est servante chez l'un des chanoines d'Annecy.

— L'on ne saurait, en effet, madame, puiser un récit à une source plus pure....

— Or, je commence... Il y a de cela environ... Mais... qu'importe la date n'est-ce pas?

— Fort peu.

— Il faisait nuit... nuit noire et grand vent sur le lac; onze heures sonnaient à la paroisse d'*Annecy-le-Vieux*, lorsque deux hommes, l'un vêtu en paysan, c'était *Ravio*...

— Quoi! madame, mon ami *Ravio*?... qui m'a servi de guide dans la montagne lors de mon arrivée en Savoie?... mon ami *Ravio*, qui a une si bonne race de chiennes courantes pour le lièvre et le renard?

— Ce doit être le même *Ravio*, que vous dites... votre âme damnée... l'expression n'est que trop justifiée... vous le reconnaîtrez tout à l'heure. Or donc, par cette nuit noire, par ce grand vent... à onze heures du soir, deux hommes, l'un vêtu en paysan... c'était *Ravio*, l'autre enveloppé d'un manteau noir, coiffé d'une toque noire.

— Probablement surmontée d'une plume rouge?

— Je suis véridique; la légende ne mentionne pas de plume rouge à la toque de ce personnage; il précédait *Ravio* et tenait à la main une paire de pistolets... Vous êtes trop pénétrant pour ne pas deviner que ce personnage...

— C'etait moi?

— Vous l'avez dit. Vous gagnez la montagne qui domine votre demeure ; vous vous engagez (toujours suivi de *Ravio*) dans un étroit sentier bordé de précipices.... et vous commencez votre ascension à travers les rochers... Plus vous montiez, plus le vent devenait violent et rugissant, plus noire devenait la nuit... et parfois *Ravio*, vous entendant ricaner à part vous, avec une sorte de satisfaction sinistre, tremblait de tout son corps et faisait, sans savoir trop pourquoi et par pur instinct sans doute, des signes de croix....

— Ce récit m'intéresse beaucoup, madame, en vérité.

— Vous arrivez enfin à la lisière d'un bois qui couronne la crête de la montagne ; un orage éclate... éclairs éblouissants... coups de tonnerre étourdissants... et, lorsque cesse le fracas de la foudre..., minuit sonne dans le lointain à la paroisse d'Annecy-le-Vieux !

— Tout cela, madame, ne manque point d'une certaine mise en scène... Mon intérêt redouble...

— *Ravio* vous suivait à quelques pas, de plus en plus inquiet de l'aventure... Vous l'appelez... il s'approche, et, à la lueur d'un éclair, il remarque votre pâleur livide... verdâtre...

— J'aimerais peut-être mieux... bleuâtre?

— La légende se borne à dire verdâtre... *Ravio*, ayant donc remarqué votre pâleur verdâtre, frémit, et vous lui dites en armant vos pistolets : « Écoute-moi bien... »

— Madame, pardonnez-moi de vous interrompre, mais je dois protester contre ce tutoiement impertinent adressé par moi à *Ravio*. Vous connaissez trop la sincérité de mes principes égalitaires pour admettre que je tranche ainsi du grand seigneur et que...

— La légende affirme, et elle a ses raisons pour cela sans doute, que vous avez tutoyé *Ravio*. Sur ce, je continue: « Écoute-moi bien (dites-vous à *Ravio*). Je vais
« entrer dans ce bois... au plus épais du fourré... mais,
« quoi que tu entendes..., seraient-ce des bruits effro-
« yables, des hurlements... des grincements de dents...
« serait-ce même ma voix en détresse te suppliant de
« venir à mon secours... laisse-moi crier. Ne bouge d'ici...
« sinon il y va de ta vie! — « Monsieur, je vous en sup-
« plie, » s'écrie *Ravio* les mains jointes; « n'allez point
« dans ce bois, au nom du bon Dieu... n'y allez point! »

— A cette invocation du *bon Dieu*, vous répliquez par un éclat de rire infernal. En ce moment, un furieux coup de tonnerre éclate. *Ravio* tombe à genoux en invoquant les saints... et... à la lueur d'un nouvel éclair, il vous voit vous précipiter dans le plus épais du bois... où vous disparaissez...!!

— Madame, je le déclare, au point de vue de l'art, voilà qui est merveilleusement commencé... Nuit noire... orage... éclairs... tonnerre.... horloge rustique sonnant minuit dans le lointain... C'est complet!

— La fin, je vous l'assure, mon cher proscrit, vaut le commencement ; je continue. Le pauvre *Ravio* est resté à genoux, multipliant ses signes de croix, fermant les yeux afin de ne rien voir... Soudain, dominant les sifflements du vent, les roulements de la foudre, votre voix arrive aux oreilles de votre malheureux compagnon. Vous hurliez... pardonnez l'expression... mais la légende....

— Les droits de la légende sont sacrés... madame ; mais... de grâce !... que hurlais-je ?

— Vous hurliez : *Non... non* !! Mais une voix... ah ! juste ciel ! quelle voix... elle était à la vôtre ce qu'est la grosse voix du chantre à celle de l'enfant de chœur de votre paroisse, selon les expressions de *Ravio*... Or, cette terrible grosse voix vous répondait : *Si !! si !!* Et tant plus vous hurliez *non*...

— Tant plus mon contrariant interlocuteur hurlait *si*... j'imagine ?

— Il en était, en effet, de la sorte. Et pendant vos débats, l'on entendait, formant une sorte de basse continue, des hurlements de loups, des retentissements caverneux, des glapissements de chouettes, des cliquetis de chaînes ; enfin vous avez poussé un dernier cri si épouvantable, que *Ravio*, dans sa naïveté, n'a jamais su le mieux comparer qu'au cri que pousserait un patient auquel on arracherait une dent...

— Ce détail, madame, est à la fois empreint de couleur locale et de réalisme, car souvent j'ai rencontré mon ami *Ravio* emmitouflé d'une mentonnière, préservatif contre le mal de dents, dont il souffre parfois horriblement.

— D'où il suit qu'il cherchait sa comparaison dans une douleur à lui familière... Ceci donne un grand caractère d'authenticité à la légende, vous en conviendrez ?

— Je suis obligé de le reconnaître... et en suite de ce terrible et dernier cri poussé par moi... madame, qu'est-il advenu ?

— Il s'est fait un silence profond... vous êtes sorti des profondeurs du bois, toujours plus pâle, plus verdâtre que jamais... votre regard flamboyait d'une façon si éclatante, que votre visage était comme éclairé par la lueur phosphorescente de vos yeux... vous teniez vos pistolets d'une main... et de l'autre...

— Que tenais-je?

— Une poule noire...

— Comment, madame... une poule noire?...

— Sans doute... elle était vivante... et vous la teniez par les pattes.

— Quoi! madame, tout ce tapage infernal... aboutit, de ma part, à la conquête... d'une poule noire?

— Ceci, j'en conviens, est peu poétique en apparence; mais attendez la fin. *Ravio*, quelque peu rassuré, car l'orage cessait, et vous reveniez sain et sauf, *Ravio* exclama sa joie, — « Prends cette poule et suis-moi. » — dites-vous à votre compagnon. Il prend la poule et vous suit, se demandant, à part soi... pourquoi monter au faîte de la montagne à minuit... braver l'orage, la foudre, les esprits infernaux... le tout à seule et unique fin de rapporter chez soi une poule maigre, car il observe qu'elle est terriblement maigre... cette poule...

— A cette sage réflexion, je reconnais le bon sens ordinaire de *Ravio*.

— Vous quittez la cime de la montagne, vous descendez à travers les rochers... mais, ô prodige !...

— Quel prodige, madame?

— A mesure qu'il redescendait vers la plaine, *Ravio* s'apercevait que cette poule maigre, d'abord si légère, devenait de plus en plus pesante à son bras... Il vous fait part de cette remarque. — « Va toujours... va tou- « jours » — lui répondez-vous avec ce même ricanement méphistophélique dont vous avez, il paraît, contracté l'habitude en ces occasions-là?

— La légende le disant, madame, il faut la croire....
Mais pardon, s'il vous plaît, de la poule... sa croissante
pesanteur... ne me présage rien de bon...

— Jugez-en : la poule devient enfin... si pesante, si
pesante... que *Ravio* est obligé d'employer ses deux bras
et de rassembler toutes ses forces pour la porter... encore ploie-t-il sous le faix... Enfin, elle acquiert un poids
si énorme... « celui d'un sac de blé, » a dit votre compagnon, que la poule lui échappe... Elle tombe... mais,
en tombant, elle rend le même son métallique qu'un sac
rempli de PIÈCES D'OR... «Oh ! oh ! se dit alors *Ravio*
« (toujours à part lui), *je ne m'étonne plus que M. Eu-*
« *gène soit charitable au pauvre monde...* L'OR NE LUI
COUTE PAS DÉJA TANT A GAGNER ! »

Et madame de Solms ajouta tristement :
— Comprenez-vous la morale de l'apologue?

. . . .

Je le répète, cette légende, dont je suis le singulier
héros, circule en Savoie, et la servante de l'un de mes
voisins, M. Massé, interrogeant son confesseur sur la
réalité de ce conte, a reçu la réponse suivante:

« — Ma fille, tout est possible au Seigneur Dieu pour
« confondre l'impiété... L'argent qui parviendrait d'une
« source si diabolique porterait grandement préjudice au
« salut de ceux qui seraient assez abandonnés du ciel et
« des hommes pour accepter cette aumône infernale. »

Or, voici la cause de cette invention cléricale:

Chaque mois, je remets au syndic de ma commune ce
dont je peux disposer en faveur des indigents; le syndic
veut bien se charger de la répartition, et il l'accomplit
avec une parfaite équité. Les bonnes gens de mon village
sont reconnaissants au centuple du peu que j'ai le bonheur de faire pour eux: ils me sont, je le dis sans l'ombre de modestie, très-affectionnés. Ils m'aiment bien...

Leur affection, pour un *excommunié*, qui oncques ne met le pied dans une église, impatientait, irritait fort le parti prêtre. Qu'a-t-il imaginé?... De persuader aux simples d'esprit que je suis en commerce régulier avec Belzébuth, et surtout en *compte courant* avec l'enfer, qui me sert de maison de banque, concurrence désastreuse pour la BANQUE DE SAVOIE, si intelligemment dirigée cependant, par *MM. Bietrix* et *Bernard*.

Sérieusement, de ce conte, il résulte ceci : « Ceux que « je secours n'ont à me savoir aucun gré de leur venir « en aide, si toutefois ils n'ont pas repoussé mon assi- « stance avec horreur. »

Cette manœuvre cléricale est à la fois bouffonne et triste surtout si on la rapproche de certain mandement de l'évêque d'Annecy, paru à peu près à la même époque où a été enfantée cette légende, mandement dans lequel ce monsieur vitupérait les philosophes... ces scélérats qui, sous couleur de compatir à l'indigence, l'infectent de la pestilence de leurs aumônes hérésiarques, etc., etc.; l'on conviendra que cette espèce d'ostracisme dont les prêtres frappent les libres penseurs pratiquant la solidarité humaine, prouve à quel degré de ridicule et haineuse aberration peuvent tomber les gens de Rome...

. . . .

(La publication anticipée de ce fragment de l'HISTOIRE DE MES LIVRES, ayant pour principal but de répondre à l'appel que madame de Solms a bien voulu publiquement m'adresser, je supprime ici l'historique du FILS DE FAMILLE, en un mot, *la raison d'être*, le *pourquoi* de cette œuvre, qui, m'a été inspirée par un sentiment, je dirai plus justement: par *un devoir tout familial*... et, à ce point de vue, cette notice, aujourd'hui supprimée, ne manquera peut-être pas d'un certain intérêt lorsqu'elle paraîtra... en ceci qu'elle touche à une question sociale

très-délicate et très-controversée... à savoir : l'*héritage*.)
. . . .

J'ai parlé de ma gratitude envers madame de Solms à propos du roman LE FILS DE FAMILLE, dont elle m'a fait l'honneur d'accepter la dédicace. Cette gratitude de ma part est en effet vive, sincère et plus que justifiée.

L'exilée a suivi pas à pas le développement de mon œuvre jusqu'à son terme, portant à ce long travail une attention soutenue, sérieuse et surtout (chose rare, lorsque le *critiqué* est d'âge à être père du *critique* et jouit, mérité ou non, d'une sorte de renom littéraire), et surtout, dis-je, conservant, à l'égard de mon *livre*, une liberté d'appréciation, une franchise d'examen, qui me prouvaient combien elle avait réellement d'amitié pour moi et souci de la réussite de cet ouvrage; car, je le répète, personne plus que madame de Solms ne tient à cœur le succès de ses amis, et, dans l'insuccès, ne sait trouver de paroles à la fois plus consolantes et plus réconfortantes ; j'ai lu plusieurs lettres qu'elle adressait à M. Ponsard au moment où il écrivait *La Bourse*, et ces lettres sublimes m'ont fait pleurer. J'étais partagé entre l'admiration et l'attendrissement, cette raison, cette clairvoyance, cette abnégation dans une femme si jeune m'épouvantait presque. Balzac aussi lui dut un de ses meilleurs ouvrages, et Gérard de Nerval deux années de vie. Presque chaque mois, je me rendais d'Annecy à Aix afin de confier à ma jeune *critique* le fruit de mon travail. Elle le soumettait d'abord à une première épreuve, qui depuis lors m'a semblé très-redoutable, mais aussi très-utile et d'un effet certain: l'épreuve de *la lecture à haute voix*.

Madame de Solms lit à merveille... Or, rien de plus mortel pour les longueurs d'exposition, pour les verbosités du dialogue, pour certaines superfluités d'analyse philosophique, pour l'excès de minutie dans le détail d'un caractère que cette inexorable lecture à haute voix. Souvent alors, des pages écrites, fouillées, ciselées par vous avec amour, et sur lesquelles vous *comptiez*, vous pèsent... vous glacent... et vous hâtez la fin du fastidieux passage avec une secrète et chagrine impatience.

S'agit-il du dialogue?... le défaut de naturel, les superfétations, les lenteurs complétement inaperçues à la seule lecture *oculaire*, se révèlent dans leur redondance emphatique ou dans leur traînante lourdeur lors de la lecture *orale*. Vos personnages vous semblent alors de prétentieux et insupportables bavards.

Ainsi est-il encore de certains mots du dialogue *portant à faux* ou illogiques avec le caractère énoncé. La discordance, souvent jusqu'alors insaisie, devient frappante à la lecture orale. Enfin, et ceci est subordonné à la nature même de la lectrice... lorsque cette lectrice est une jeune femme d'un tact fin, d'un esprit supérieur, d'un goût délicat... les plaisanteries hasardées ou vulgaires, les brutalités de style (brutalités souvent confondues avec l'énergie), que dirai-je?... ces phrases que le hasard rend à double sens, ces involontaires rapprochements de mots qui peuvent prêter à une interprétation ridicule ou grossière, tous ces défauts vous deviennent tellement sensibles, que vous vous prenez à vous demander si, vous, l'auteur, vous avez véritablement écrit ces passages?

Je n'exagère point, et d'ailleurs il s'agit ici de mes impressions *individuelles*, et pour la première fois j'entendais lire à haute voix l'une de mes œuvres manuscrites et par qui! Or, grâce à d'utiles corrections, je crois que, parmi tous mes romans, celui du *Fils de Famille* offre en moins grand nombre ces défauts que faisait ressortir à mes yeux la lecture orale, première épreuve que l'exilée voulait bien faire subir aux pages que je lui soumettais; puis, sous le coup de son impression du moment, elle me faisait aussitôt part de ses observations, soit critiques, soit approbatives, me priant toutefois de lui laisser le manuscrit, afin de le relire seule et de comparer le résultat de cette lecture réfléchie à celui de la première audition; non, jamais Benjamin Constant n'eut tant d'obligations à madame de Staël que moi à madame de Solms.

Presque toujours ses critiques étaient d'un sens excellent, d'une logique infaillible ou d'une sagacité profonde. J'ai dit à quel degré l'exilée avait eu le don de s'assimiler l'incomparable esprit d'analyse de *Balzac*, parce qu'elle savait entrer dans l'intime pensée de l'écrivain, le suivre dans les détours les plus complexes de sa psychologie, dans ses replis les plus cachés. L'on comprendra donc qu'en raison de ce don d'assimilation, ma jeune critique devait posséder la connaissance du caractère des personnages de mon livre aussi bien si non *mieux* que moi-même, en ce qui dans cet ouvrage, par exemple, touchait au caractère de JEANNE. (Je demande pardon de ces détails à l'immense majorité des lecteurs de ces pages qui n'ont jamais lu et ne liront jamais le *Fils de famille*). Cette JEANNE, madame de Solms l'avait, pour ainsi dire, charitablement adoptée, de même que l'on recueille une créature égarée... et elle la prenait telle quelle, avec ses défauts et ses qualités, cette pauvre fille! sa pente naturelle vers le bien, ses aspirations vers le mal, sa délicatesse innée, la noblesse de son désintéressement, la grandeur de ses dévouements, et la fougue de ses mauvaises passions écloses au souffle impur d'un tentateur, sa tendresse filiale poussée jusqu'à l'idolâtrie, et sa cruauté envers les victimes de sa coquetterie féroce ; car, dans cette création de *dona Juana*, je tentais de réaliser le type du don Juan féminin. Enfin, JEANNE, aux yeux de madame de Solms, vivait en chair et en os, était l'objet de ses préoccupations, et souvent elle m'écrivait inopinément, au sujet de JEANNE, comme s'il se fût agi d'une personne existante.

Je cite, entre autres, ce billet:

« — J'y ai bien réfléchi depuis hier, mon cher proscrit,
« je vous le demande *en grâce, ne conduisez pas encore*
« *Jeanne chez son père*... c'est trop tôt...'c'est trop tôt!...
« Mon Dieu, vous ne la connaissez pas comme je la con-
« nais, cette pauvre malheureuse enfant...

« Répondez-moi, je vous prie, afin de me rassurer là-
« dessus.

« Mille amitiés.

« M. DE S. »

Vous ne la connaissez pas comme je la connais... n'est-il pas un mot charmant? et surtout pour moi, un mot profondément vrai? Madame de Solms, grâce à sa remarquable faculté d'assimilation *connaissait en effet mieux que moi* CETTE PAUVRE MALHEUREUSE JEANNE, l'une des créations qui m'aient le plus inquiété, tant elle était complexe, bizarre, je dirais impossible, si le germe de ce type n'eût existé, ainsi que je l'ai démontré plus haut (1), en conservant, selon ma coutume, un secret et une réserve impénétrables à l'endroit *des personnes;* car, dût en souffrir cette qualité *d'invention* que de bienveillants critiques m'ont parfois accordée, je le répète, presque tous les personnages importants de mes livres, on l'a vu jusqu'ici, m'ont été fournis par des *individualités existantes.* Je les ai ensuite modifiées ou développées suivant le besoin de ma fable, mais elles procédaient toujours d'une réalité.

Ma jeune critique m'a encore donné de nombreuses et utiles indications au sujet du personnage de *madame Dumirail*, et, lors de l'une de nos discussions à ce sujet,

---

(1) Dans la notice sur le *Fils de Famille*, supprimée ici.

car je n'acceptais jamais que les critiques, à mon sens, fondées, elle m'écrivait ces mots, d'une observation très-juste.

Je cite encore :

« ... Vous m'objectez en vain l'éducation, la douceur
« naturelle de *madame Dumirail* ; elle n'est pas, ce me
« semble, assez violente, assez haineuse... Que dirai-je?...
« elle n'est pas *assez mal élevée* dans cette scène où elle
« voit cette courtisane lui enlever son fils... Non, en un
« pareil moment, une femme n'est plus une femme...
« *c'est une femelle qui défend son petit.* »

Je me suis rendu, je devais me rendre à cette raison, et la scène dont il s'agit a gagné en vigueur, en réalisme.

Je ne prolongerai pas ces citations, dont le lecteur n'a guère souci ; je terminerai par une observation de madame de Solms, dont ceux qui ont pris la peine de lire un seul de mes livres reconnaîtront la justesse au point de vue général :

« ... Dans le *Fils de famille*, du moins dans ce que
« j'en ai lu jusqu'ici (me disait ma jeune critique), et
« plus que dans aucun de vos ouvrages peut-être... vous
« vous êtes exagéré, à mon avis, l'utilité des préparations.
« Vous vous défiez trop de l'intelligence ou de la péné-
« tration du lecteur... en un mot, *vous ne lui laissez rien
« à faire...* »

Je suis homme du métier ; aussi nul mieux que moi ne peut apprécier de quelle importance il est en effet, dans les œuvres d'imagination, *de laisser au lecteur quelque chose à faire ou à deviner.*

Ces quelques citations prouvent, je le pense, la sûreté du goût et du tact littéraire de l'exilée, l'infaillibilité de son jugement. Elle continuait de porter ce vif et intelligent intérêt à mon livre : il touchait à son terme, lorsque, au mois d'octobre 1855, elle tomba gravement malade ; depuis longtemps, d'ailleurs, sa santé s'altérait, s'affaiblissait de jour en jour. En proie à un nouvel accès de nostalgie qu'elle dissimulait à ses amis, selon cette fière pudeur du chagrin, si remarquable en elle, le terrible *mal du pays* minait sourdement cette jeune femme, et de même que le feu longtemps couvé sous la cendre... éclate subitement... la maladie se développa soudain avec une effrayante intensité. Les natures nerveuses et impressionables ont à la fois l'heur et le malheur de décliner aussi rapidement qu'elles se relèvent. Mais la rapidité du déclin de la santé de l'exilée avait quelque chose de foudroyant. Epuisée par une fièvre lente, elle refusait de voir les médecins ; la présence même de ses meilleurs amis lui devenait importune. Abattue par l'insomnie de ses nuits, elle passait ses jours ainsi sans sommeil, dans une solitude absolue, dans une obscurité complète, exigeant que les volets de sa chambre à coucher restassent toujours fermés. Le soir venu, elle se levait pendant une heure; puis elle retournait s'abandonner aux sinistres rêves de sa noire tristesse dans sa noire solitude...

Je vis un jour madame de Solms à cette heure où elle quittait sa chambre pour passer quelques instants au salon. Je fus épouvanté... je l'avais laissée, trois semaines auparavant, déjà pâle et souffrante, sans doute; cependant, sa pâleur, l'expression de sa souffrance, ne faisaient que donner à sa beauté un caractère plus touchant... Mais, lorsque, se soutenant à peine et appuyée au bras de sa dame de compagnie la charmante mademoiselle Nencini elle m'apparut enveloppée de ses blanches draperies, je crus voir son spectre... elle avait l'air d'une morte... Elle s'efforça de sourire... et me dit:

— Vous me trouvez bien changée?

Je ne pus lui répondre... l'émotion me suffoquait.

— Ah! — reprit-elle — je vous l'avais bien dit que je mourrais du *mal de France*...

Elle fondit en larmes ; la douleur, triomphant en elle de sa fierté, lui arrachait enfin l'aveu de son mal secret.

. . . .

L'infortunée se mourait en effet de nostalgie. Deux femmes de sa connaissance, qui la chérissaient, et que, dans son besoin maladif de solitude, elle s'était aussi refusée de recevoir, se concertèrent avec l'un de ses meilleurs amis et moi. Il n'y eut qu'un avis sur ceci : que si l'exilée retrouvait la force d'entreprendre ce voyage... le séjour de la France la sauverait, ne dût-elle y résider qu'un mois... Mais, pour rentrer en France, il faudrait qu'elle en demandât l'autorisation à *M. Bonaparte*... et que celui-ci l'accordât. Obtiendrait-on de l'exilée de faire cette demande, ou de permettre qu'on la fît pour elle?... C'était douteux. Cependant madame de R*** voulut tenter l'essai. Elle entra dans les ténèbres de la chambre à coucher, s'approcha du lit de la malade et lui dit résolûment:

— Ma chère Marie, vous mourez du mal du pays?

— C'est vrai.

— Le séjour de la France, ne fût-il que momentané, vous guérirait?

— Oh! oui, il me semble que je renaîtrais à l'instant.

— Voulez-vous m'autoriser à écrire, de votre part, au ministre de l'intérieur en France, afin d'obtenir...?

— Jamais! — répond dans l'ombre la voix affaiblie de l'exilée, interrompant madame de R***. — Quand même je toucherais à mon agonie... jamais!!!

Pour qui connaît certains côtés inflexibles du caractère de madame de Solms, ce *jamais* devait être son invariable réponse à de nouvelles insistances. Madame de R*** le sentit... et, assumant sur elle une grande responsabilité, elle dit à la malade:

— Ma chère enfant, si vous repreniez assez de force pour entreprendre le voyage de Paris... où l'on peut mieux que partout ailleurs se dérober aux recherches... consentiriez-vous, du moins, à tenter ce voyage, *à vos risques et périls,* sous la conduite de notre excellent ami M. de Pomereu?

La malade resta quelques instants silencieuse... puis répondit :

— Rentrer en France à mes risques et périls... oui!
— Mais, so reprenant et hésitant: — C'est peut-être une lâcheté... que la peur de mourir me fait commettre ! — Et, surmontant enfin cette dernière hésitation : — Eh bien, oui... comme cela... *à mes risques et périls...* je le veux bien.

Ces paroles, madame de R*** nous les répéta textuellement; je les cite textuellement.

M. de Pomereu, qui, par sa noble abnégation, par son incessant et courageux dévouement pour l'exilée, dont il est un des plus vieux amis, se montre toujours à la hauteur des circonstances les plus difficiles ou les plus délicates, s'occupa dès lors de se procurer un faux passe-port pour madame de Solms et pour sa femme de chambre. Il y parvint, non sans peine, grâce à l'obligeance d'un ministre étranger. Madame de R*** fit confectionner des vêtements de voyage dont l'excessive simplicité devait aider au déguisement, se procura même de faux cheveux blonds qui complétaient la transformation de l'exilée. Or, chose incroyable, si l'on ne savait de quel prodigieux ressort de vitalité sont douées les organisations nerveuses, et surtout quelle action irrésistible l'espoir de revoir bientôt le *pays...* exerce sur les nostalgiques... madame de Solms, au bout de quinze jours, quoique encore très-faible, était en état de se mettre en route! Sa pâleur, la profonde altération de ses traits, son petit chapeau noir, la rendaient presque méconnaissable, et ce fut avec un cruel serrement de cœur que je lui dis adieu, en songeant aux périlleux hasards de son entreprise.

L'incident capital de ce voyage, lorsque des convenances de diverses natures permettront de le faire connaître, sera certainement l'un des *faits historiques* les plus curieux de notre temps. Ce fait, je l'affirme, honorera madame de Solms autant que vaillante et généreuse femme puisse être honorée, glorifiée par les gens de cœur.

Tout ce qu'il m'est permis de dire maintenant ici à propos de ce voyage, c'est que, durant les premiers temps de son court séjour à Paris, l'exilée put y demeurer complétement ignorée, grâce à son déguisement et aux précautions dont l'entourait la sollicitude de ses amis, Paillet entre autres qui lui fut si dévoué. Telle est enfin l'influence de l'air du *pays* sur ceux qui souffrent ou qui meurent faute de le pouvoir respirer, que madame de Solms m'écrivait de Paris ces lignes caractéristiques :

« Le croiriez-vous !... au milieu de l'atmosphère viciée,
« corrompue de Paris... je renais... je revis ! Cet air in-
« fecté de despotisme devrait m'étouffer... Eh bien, non !
« aussi je me dépêche de l'aspirer à pleins poumons...
« Il me rend mes forces... la santé... *O Patria!!* »

. . . .

Oui ! le secret d'une pareille métamorphose est dans cette invocation si touchante de l'exilée : *O Patrie!!*

Au bout de trois semaines environ, survint l'incident auquel j'ai fait allusion et qu'il m'est interdit de divulguer ; mais en suite de cet incident, madame de Solms, traquée par la police de refuge en refuge, et presque d'heure en heure, pendant deux jours et deux nuits... ne pouvant, convalescente encore, résister aux fatigues, aux angoisses de pareilles poursuites, se rendit à composition par l'intermédiaire de M. de Pomereu, à la condition d'être ramenée à la frontière de France avec les égards que mérite une femme. *J'ai lu* l'acquiescement à cette offre de l'exilée, signée : *De Saussure*, secrétaire général de la préfecture de police. Un waggon du chemin de fer de Paris à Lyon fut mis à la disposition de madame de Solms et de ses compagnons de voyage. Des agents supérieurs de la police les conduisirent tous deux jusqu'à la frontière de Savoie; et on lisait dans les journaux sardes du 25 novembre 1855 :

— « Madame de Solms, rentrée en France sans l'auto-
« risation du gouvernement impérial, a été de nouveau
« expulsée. Elle est arrivée hier au pont de Beauvoisin,
« sous la conduite d'agents supérieurs de la police fran-
« çaise, etc., etc. »

. . . .

La santé de l'exilée, d'abord raffermie, ranimée par cet air du pays *qu'elle se dépêchait de respirer*, fut de nouveau compromise par les anxiétés de toute nature dont elle eut à souffrir pendant les derniers jours de sa présence à Paris; mais, du moins, ce voyage l'avait arrachée momentanément à une crise mortelle. Elle revint passer un mois à Aix. Ce fut à cette époque que j'achevai *le Fils de Famille*, et qu'elle voulut bien accepter la dédicace de ce livre. Elle partit ensuite pour Genève où elle tint un charmant salon politique pendant une partie de l'hyver, et alla ensuite à Florence, où, bientôt reprise d'un violent accès de nostalgie, elle retomba malade à ce point que l'on désespéra de ses jours. Elle fut soignée en ces circonstances avec une tendresse de sœur, par l'une des femmes les plus éminemment distinguées de l'Italie, madame la *comtesse* Ursini (née M.), qui joint à l'éclat d'une haute position sociale et d'une rare beauté tous les dons de l'esprit, du cœur et du talent, car plusieurs des œuvres sculptées par elle jouissent d'un renom mérité; ancienne amie de couvent de madame de Solms, elle lui prodigua les soins les plus assidus, les plus touchants durant cette longue crise qui faillit être mortelle.

Depuis lors, la santé de l'exilée resta profondément atteinte, et, au moment où j'écris ces lignes (*la Haye, septembre* 1856), j'apprends qu'en suite d'une consultation du célèbre docteur *Cruvelhier* et de plusieurs de ses collègues, il est impérieusement ordonné à madame de Solms d'aller passer au moins cet hiver au *Caire*, la douceur égale du climat de l'Égypte pouvant avoir une heureuse et décisive influence sur l'état de la jeune malade. Que l'on me permette de citer à ce sujet ces lignes que l'exilée m'écrivait hier :

« ..... Les médecins me veulent absolument envoyer en
« Egypte ; je n'irai pas. M. de P*** seul, parmi mes amis
« aurait la bonté de m'accompagner... et, si je dois mou-
« rir, je veux mourir au milieu des quelques personnes
« qui m'ont toujours témoigné une amitié constante...
« et les yeux fixés sur cette France que j'aime tant et
« que j'espérais revoir un jour. »

. . . .

. . . .

L'espoir de l'exilée se réalisera : les temps et les flots sont changeants... les empires pareillement... puis madame de Solms est âgée de vingt-trois ans à peine... A cet âge, les ressources de la nature sont inépuisables.

Je répète en terminant ce que j'ai dit au commencement de cet écrit. J'ai regardé comme un devoir d'honneur de dire tout haut le bien que je pense d'une personne pour qui je ressens autant d'affection que d'estime et de respect. Ne point agir ainsi que j'agis, serait une indigne lâcheté, surtout lorsque cette personne est depuis longtemps attaquée, calomniée par les méchants, par les envieux, ou méconnue, ignorée des gens de bonne foi, qui, à leur insu, se font l'écho des diffamations odieuses, des impostures effrontées de la police impériale.

Madame de Solms m'a fait l'honneur d'en appeler publiquement à mon témoignage contre ceux qui la soupçonnent ou l'accusent de *bonapartisme*... je devais répondre à cet appel.

J'ai prouvé par des faits, par des actes... (et sans trop d'orgueil, je pense que l'on doit croire *ce que j'affirme*...) j'ai prouvé, dis-je, aux gens impartiaux que l'exilée, ainsi qu'elle l'a dernièrement encore attesté d'une façon si nette et si digne dans une lettre adressée au NATIONAL, — *a pour jamais rompu les liens de famille qui l'attachaient à l'homme qu'elle a le* MALHEUR *d'avoir pour* PARENT.

En vérité, n'est-ce point aveuglement, démence ou cruauté, que d'accuser de *bonapartisme* une jeune femme qui a failli mourir et qui souffre encore à cette heure si douloureusement du *mal de France*?... Quoi! elle a vaillamment refusé de revoir son pays moyennant une lâcheté... elle a bravé les périls d'un voyage clandestin à Paris pour aller *se dépêcher de respirer quelque peu l'air de la patrie*, selon sa navrante expression..... elle refuse, au risque de sa vie, de s'éloigner de nos frontières pour aller chercher sous le climat d'Egypte une guérison prompte, certaine... voulant, si elle doit mourir, dit-elle, — « mourir au moins les yeux fixés sur cette France qu'elle « aime tant... » — mais qu'elle ne reverra jamais au prix d'une indigne concession, et où elle ne rentrerait pas, même si elle en recevait l'autorisation, puisque dans cette lettre au NATIONAL, elle déclare *qu'elle ne rentrera en France que lorsque les honnêtes gens pourront y revenir le front haut*... Et cette jeune femme, on l'accuse de bonapartisme !

Un dernier mot. Des personnes de bonne foi n'ont, et ils en conviennent, d'autre grief contre madame de Solms que celui-ci : C'EST UNE BONAPARTE ! — Selon ce raisonnement, je dois donc aussi être suspecté de *bonapartisme*, moi, qui d'aventure, suis le filleul de *l'impératrice Joséphine* et *d'Eugène Beauharnais*, vice-roi d'Italie, etc.

Et pourtant, ceux qui adressent ce reproche à madame de Solms sont des hommes de cœur et de saine raison, ils se sont révoltés cent fois contre l'abominable dogme de la *tache originelle*... Ils ont flétri... justement flétri ces odieux préjugés qui, dans la société actuelle, tendraient à rendre le fils solidaire du crime paternel !... et parce que cette grande intelligence, ce cœur si ardemment républicain, ce charmant écrivain, cette proscrite enfin s'appelle *Bonaparte*, ils la veulent rendre solidaire, presque complice du crime de *décembre*, dont elle a été l'une des premières victimes, et, peut-être en conviendra-t-on après avoir lu ces pages, l'une des plus touchantes et des plus nobles victimes !

TABLE DES MATIÈRES

	Pages
Fragments.	5
I.	9
II.	19
III.	24
Chant funèbre sur les morts prématurées des deux reines Marie-Thérèse et Marie-Adélaïde et de Ferdinand, duc de Gênes	27
A Vincenzo Gioberti. L'Italie aux patriotes italiens	32
IV.	61
Les charmettes à madame de Solms.	70

FIN DE LA TABLE.